共通テスト 古文

満点のコツ

［改訂版］

七呂和 著

教学社

はしがき

みなさん、こんにちは。私は大学受験の古文指導に携わってすでに30年以上が過ぎました。本書で、今の自分の到達点のようなものは示せたと思っています。どんな職業でも同じだと思いますが、経験を積んでいけば、特別注意しなくても仕事ができるようになるのではなく、逆に注意力が増していくものです。将棋のプロ棋士で、振り飛車党の久保利明さんが、次のようにおっしゃっています。「振り飛車党は、相手からここに歩を打たれることを常に警戒しながら指すものです」と。私も、古文の問題文を読むときは、ここは注意しないといけない、などと意識しながら常に読んでいます。今回、**共通テストの古文を読み解く際に注意すべき点**を、**コツ**として紹介しました。正解の方程式のようなものではありませんが、**正解を選ぶための有益な視点**です。とはいえ、このコツさえ覚えたらよいというのではなく、当然のことながら、それ相応の**基本知識（単語・文法）や思考力**は必要です。それらをバランスよく身につけることによって、共通テストの古文で満点を取ることは十分可能だと思います。

本書は四部構成からなります。第一部の「**共通テスト古文の勉強法**」では、**Q&A形式**を用いて、**方法論のコツ**を示しています。第二部の「**古文知識の総まとめ**」では、**知識の暗記・確認**を行ってください（理系の人はある程度割り切ってもらって構いません）。第三部は、「満点のコツ」の確認と、解釈力を高めるための「活用トレーニング」です。何度かくり返し取り組んでください。**古文解釈のコツとはこういうものか**と実感できるはずです。第四部は、「**共通テストの過去問演習**」です。「私はこう考えて、こう解きました」という**私自身の思考法や解法**を随所に盛り込みながら、解説を書きました。みなさんの今後の学習のヒントになることも多く書けたと思っています。

『共通テスト古文　満点のコツ』がみなさんにとって役に立ち、合格の原動力になることを切に願っています。

著者

目次

本書の使い方

本書は次の四部構成となります。別に順番はありません。読もうと思う箇所から読んでいってください。

第一部「共通テスト古文の勉強法」では、**方法論のコツ**を、**Q&A形式**でまとめています。勉強の進め方は一通りではないと思いますが、ぜひ参考にしてください。

第二部「**古文知識の総まとめ**」では**単語・文法・和歌の知識の暗記・確認**を行いましょう。ここは何度も復習することが大切です。チェックボックスを使ってくり返し読んでください。単語と助動詞については、下段の**理解のコツ**とあわせて読むことで定着度を高めてください。赤シートを持っていたら、それを使って、意味のところを隠して勉強するとよいでしょう。また、第二部以外でも、単語に付けた**1〜200**の番号を示していますので、くり返し参照して復習してください。

第三部「**満点のコツと活用トレーニング**」ではコツを学び、**一問一答**でコツの理解を深めてください。最後の方は、少し設問数を増やした「**まとめのトレーニング**」も載せていますので、コツの活用の仕方を身につけましょう。

第四部「**共通テストの過去問演習**」では、**実戦演習**として共通テストの過去問3年分に取り組んでもらいます。そのあとは赤本による過去問演習に移ればいいでしょう。もちろん本書も随時復習してください。

※本書は、2024年2月時点で文部科学省や大学入試センターから公表されている情報に基づいて作成しています。
※本書で主に分析した問題は、共通テスト(2021〜2023年度)とセンター試験(1990〜2020年度)の過去問および共通テストの試行調査(第一回は2017年実施、第二回は2018年実施)です。
※第四部の過去問の配点は50点満点ですが、2025年度からの新課程入試では古文の配点は45点となります。

第一部

共通テスト古文の勉強法

共通テスト古文の分析と対策

新課程入試の共通テストでは、国語の試験時間が九〇分となり、**古文の配点は四五点**となります。今後、設問構成について多少の変更も考えられますが、一例として、古文では次のような出題形式が予想されます。

問1　語句の解釈問題（2問）
問2　語句や表現に関する説明問題
問3〜問4（**問5**）　内容説明問題や内容合致問題

その他にも変更があるかもしれませんが、どの設問でも**必ず本文の正確な解釈が求められます**。四五点配点なので、**問1**は解釈問題が3問でなく2問になると想定されます。**問2**以降は、解釈問題の延長または応用の問題と言って差しつかえないと思います。語句や表現に関する説明問題は、文法や解釈を絡めた**構文問題**と言えるでしょう（構文とは文の組み立て・文章構造のこと）。**問4**か**問5**では、**会話文**や**複数出典**を絡めた設問形式になると考えられます。どの設問も、本文の正確な解釈に基づいたうえで、**柔軟な思考力**が試されるはずです。

こういった問題で**満点を取る**ためにどうすればよいか。**方法論のコツ**を、質問に答える形で示していきます。

Q1　**試験本番で、国語の大問はどの順から解いていくのがいいでしょうか。**

A　大問の順番通りに解くという方法がシンプルですが、自分が高得点を取れると思う大問から順に解いていく策も有力です。古文が大の得意になれば、古文から始めるのもいいですし、古文がどうしても苦手なら、古文を最後に回す手もあります。解く順は、自分であらかじめ決めたうえで、本番に臨みましょう。

Q2　**試験本番で、古文は何分くらいで解くべきでしょうか。**

A　最大二〇分までです。現代文五五分〜六〇分、古文一五分〜二〇分、漢文一五分が標準的な時間配分だと思いますが、現代文で時間をとられる可能性があるので、できれば古文は一五分ちょっとで解きたいです。

Q3 共通テストの古文で満点を取るために身につけるべきコツは、全部でいくつあるのですか。

A それは私にもわかりません。細かく数えたら、キリがないでしょう。でも、**解答の根拠の箇所を正しく解釈できたら満点を取れる**というのが本書の趣旨です。本書では正しい解釈のためのコツを実戦的に紹介しました。

Q4 『共通テスト古文 満点のコツ』を読んで、コツを身につけたら、満点を取れますか。

A 前提として、ある程度の基本知識（単語・文法）の習得は必要です。でも、**読解のためのコツ**は確かにあり、それによって効率的に満点を目指しましょう、ということです。

Q5 古文が苦手で、読むのに時間がかかってしまいます。どうすればいいですか。

A **基本知識（特に単語）を身につけたら、その分、素早く読めます**が、知識量の程度に関係なく、本文を読んでいって、**わからなくても、もたつかない**（ぐずぐずしない）ことが大切です。すばやく選択肢に目を通したり、どんどん本文を読み進めたりして、できるだけ早く**問題文の全体像の把握**に努めましょう。共通テストではスピード感のある意識的な読みが必要です。

Q6 本文を読んでいくとき、登場人物にはマルで囲うなどの記号化（書き込み）はした方がいいですか。

A せずに解けたら、それが一番いいです。記号化しすぎると、読みのスピードが落ちてしまうので、注意した方がいいでしょう。**時間との兼ね合いを考えて**、する・しない、するとしたらどの程度するのか、自分なりによく考えることです。ちなみに私はまったくしません。頭の中で整理する習慣をつけています。

Q7 問題を解くとき、通読せずに傍線部ごとに解くのか、通読してから各傍線部に戻って解くのか、どちらがいいですか。

A 傍線部ごとに解ければ、時間の節約にもなり、間違いなくいいのですが、通読を優先した方がいい場合もあるでしょう。**一概には言えません。**どちらにせよ、**大切なのは解答の根拠の箇所を押さえて解くことです。**私が解く場合は、**傍線部ごとに解ければ解きますが、根拠がないと思えば解かずに、とりあえず後ろまで読んでいく、**というやり方です。柔軟性は大切だと思っています。

Q8 解答の根拠の箇所をうまく把握できません。どうすればいいですか。

A 傍線部のある問題では、まず**傍線部自体と、傍線部直前**をしっかりチェックしましょう。実際、傍線部の直前に根拠があることは多いです。それで根拠が見当たらなければ、**傍線部直後**も見ます。それでもなければ、傍線部のさらに前や、さらに後ろまで範囲（視野）を広げて探しましょう。別のアプローチとして、**傍線部と同じような表現や内容を含む**箇所がほかにないか探しましょう。もしあれば、そこが解答の根拠の可能性があります。**傍線部をそれと同じ文脈の箇所と重ね合わせて解くやり方**です。また、傍線部のない問題では、選択肢の語句や内容を手がかりにして、本文の該当箇所を探すしかありません。

Q9 選択肢の選び方には、積極法（正解を積極的に選ぶ方法）と、消去法（間違いの選択肢を消去していく方法）があると聞きます。どちらの方がいいですか。

A 積極法で選べたら、**それが一番いいです。**でも、それには確かな学力が必要です。**現実的には消去法もうまく活用しましょう。**それで十分です。ただし、消去法一辺倒では高得点は望めない気がします。選択肢を見るなり、徹底的に駄目な箇所に×を付けていく人がいますが、逆に「これはよさそうだ」と評価できる選択肢を探す視点も持ちたいです。消去法も有効な手ですが、正解選択肢が必ずあるわけですから、それを積極的に探す姿勢も大切だと思います。特に「不適当なものを選べ」の場合は、積極法で不適当な選択肢をズバリ選んでください。あと、後ろの文脈にうまくつながる選択肢はいい選択肢です。後ろの文脈にうまくつながるかどうかもチェックしましょう。

Q10 複数の出典を組み合わせる出題に対して、特別な対策は必要ですか。

A 少なくとも古文に関しては特別な対策は何も必要ありません。共通テストの過去問演習と、模擬試験を四、五回程度受けて慣れておけば十分です。複数出典の出題の仕方は通常、二通りあります。一つは、例えば本文を**【文章Ⅰ】**と**【文章Ⅱ】**で並置する型です。この場合、内容や表現の比較がポイントになることが多いと思います。もう一つは、ある設問の中に別の出典の文章や和歌を引用する型です。ただどちらであれ、本文の必要な箇所を正しく解釈することができれば正解できる話です。

Q11 『共通テスト古文 満点のコツ』を読んだ後は、過去問と、問題集の予想問題では、どちらを優先して取り組むべきですか。

A 過去問です。まだ解いていない共通テストの過去問（試行調査問題も含む）をやりましょう。共通テストの前身のセンター試験の過去問も十分有効です（問題にアクセスできるなら、ぜひ解くべきです）。予想問題にはむやみに手を出す必要はありません。予想問題は選択肢の精度が低い可能性があります。最後はやはり読解力の養成と完成です。過去問でいろんな問題に当たることが絶対に必要です。

古文知識の習得法

共通テストの古文で満点（高得点）を取るためには、コツ以前のこととして、文系生・理系生の区別なく、古文知識の習得は必要不可欠です。まず、項目ごとの要点を示し、その後で質問に答えます。

単語

約300語の単語の習得を目指しましょう。その際には、みなさんの手持ちの単語帳に加えて、P18からの**古文単語へのアプローチ**でもぜひ勉強してください。通し番号としては200語ですが、関連語も含めると300語近く載せています。手持ちの単語帳と比較し両方を参照しながら学習することで、思考を柔軟化し、理解を深めることができるはずです。ただし、単語の勉強にはいくつかの注意点があります。**訳語の暗記一辺倒では共通テストに太刀打ちできません**。単語についての質問はP12からのQ&A13〜18でまとめました。ぜひ参考にしてください。

文法

古文文法は、身につく程度の個人差が大きい分野だと思います。文法は得意だという人は、特に問題なく一通り習得できるでしょう。問題は文法が苦手な人です。共通テストの古文では、おそらく単独の文法問題が出ず、文法の重要度がそれほど高くない可能性があるので、特に理系生は割り切るのも一つの手でしょう。しかし、基本的には助動詞・助詞・識別・敬語の四分野を学ぶ必要があります。P50の**主要な助動詞の意味用法**からP64の**敬語一覧表**まで、一通り学習してください。ある程度、**重要ポイント**に絞って載せています。文法学習の要点は、P15からのQ&A19〜23でも触れました。それも参考にしてください。

和歌

共通テストでは、**和歌（や連歌）を含む文章**がよく採用されていて、設問にも絡んでいます。それなりに対策は必要でしょう。まだ時間的に余裕があれば、何か一冊『小倉百人一首』の本を買って、それで勉強するのがお勧めです。あるいは和歌に特化した参考書を一冊通読するのもいいでしょう。そこまでしないのであれば、過去問演習で実戦的に和歌に慣れていくことです。Ｐ66からの**和歌へのアプローチ**にも目を通して、**修辞法の理解**に努めてください。

古典常識

これこそやり出したらキリのない分野です。古典常識に特化した参考書を一冊通読するのもありですが、そこまでする受験生は多くないでしょう。共通テストでも古典常識の絡む出題は見られますが、受験生に十分配慮した形で出ています。過去問などの問題を解いてその解説で触れられている古典常識だけ確認していく、その程度の勉強が現実的だと思います。

文学史

文学史（出典）の知識があった方が、文章の理解を助けることも多いです。しかし、正面切っての出題はおそらくないと思います。特別な対策は不要でしょう。

それでは、知識分野についての質問に答えていきます。

Q12 **基本知識の習得に関して、文法と単語では、どちらの方が重要ですか。**

A 試験本番まで時間が十分にあったら、両方をバランスよく勉強すればいいですが、**本番までおよそ一年あるいは半年を切ったら単語を重視していくべきです。**文法は正確な解釈に欠かせませんが、どんな語学でもやはり最後は語彙力がものを言います。

単語の対策

Q13 **P10に、古文単語は300語の習得を目指そうとありますが、その根拠は何ですか。**

A 科学的な根拠はどこにもありません。しかし、**過去問研究からその程度ではないかという感覚的な語数です。**何となく指導者の側にも受験生の側にも、だいたい300語というのが一定の支持を得ていると思います。でも、訳語の暗記一辺倒ではいけません。共通テストではかなり文脈判断を要する問題も出ますので、思考力が重視されます。過去問演習で対応力を身につけていく必要があります。

Q14 **古文単語はすべてゴロ合わせで覚えるようにしています。それでいいですか。**

A **よくありません。**シンプルに覚えられるゴロならいいですが、多くのゴロ合わせは無理やりで、私は全然覚えやすくないと思います。仮に覚えるべき古文単語を300語とすれば、ゴロで覚えやすい単語はせいぜい十分の一の30語程度ではないでしょうか。しかも、ゴロ合わせでは、覚える訳語がどうしても固定化しがちなのも問題です。共通テストでは**柔軟な思考力や高度な言い換え能力が求められる**からです。

Q15 **では、古文単語はどのように覚えていけばいいのですか。**

A 最適な覚え方は単語に応じて変わります。ゴロで覚えやすいものは、もちろんゴロで覚えればいいでしょう。「**31あなかま**」なら「あなた、やかましい→しっ、静かに」などです。**漢字**をあてられる単語は、漢字の意味から覚えるのが基本です。「**184つかうまつる**」なら「**仕うまつる**」の字が当たりますし、「**63おとなし**」なら「**大人し**」です。**語源**で覚える方法も、実は難しいのですが、あるでしょう。**現代語の意味との違い**を意識しながら、覚えるべき古語も多いです。**類義語**や**対義語**はまとめて覚えましょう。それは鉄則と言えます。全否定の副詞「**8さらに**」と「**つゆ**」「**たえて**」や、「出家する」という意味の語句「**188形を変ふ・様を変ふ・頭下ろす・御髪下ろす・世を捨つ**」などは、まとめて覚えてしまうと効率的です。病気関連語の「**127なやむ**」と「**61おこたる**」は対義語ですから、当然まとめて覚えます。自分なりに工夫して覚えていくのが大切です。ただ本書では私自身の単語の「**理解のコツ**」を紹介しました。

Q16 ほかに、単語の勉強の際のコツとか注意点とかありますか。

A 単語帳べったりで訳語を覚えたらＯＫ、という単純な話ではありません。例えば、傍線部で「**68おろかなり**」の意味を問われたとします。古語では「おろそかだ・いいかげんだ」といった意味で使われやすく、傍線部でもその意味としましょう。そして、その訳語を覚えているとします。ところが、正解選択肢の「疎略だ」を選べない人がいます。実はそこが出題者のねらいです。**同じ意味の言い換えにも注意して勉強する**必要があります。ほかの例も挙げましょう。「**112つれづれなり**」なら「退屈だ」という意味ですね。「手持ち無沙汰だ」と訳すこともあります。でも、選択肢にそれらがなくて、「所在ない」があるとします。それを選べるでしょうか。「所在ない」とは「場所がない」という意味ではなくて、「することがなくて退屈だ」という意味です。これも正解選択肢になることがあります。ほか、例を挙げるとキリがないですが、「**62おこなふ**」もそうです。「仏道修行する」なら選べるのに、なぜか「勤行する」となると選べない人がいます。**一語一訳主義の弊害に注意して、語彙力を高めるべき**です。

Q17 「1あはれなり」は「しみじみとした趣がある」という意味で覚えていました。それでは駄目なのですか。

A そのような一つ覚えでは駄目です。感動詞の「あはれ」（＝ああ）からできた語で、感嘆する気持ちが根本にあります。「心打たれる」とか「心にしみる」くらいを基本的な意味と捉えたうえで、あとは文脈に応じて適訳を考えましょう。**古文単語へのアプローチ**のP18も参照してください。

Q18 自分は、「2をかし」の意味について「趣がある」が基本だと習いました。手持ちの単語帳にも一番目の意味として、それが載っています。ところが、P18の古文単語へのアプローチを読むと、重要な意味ではない感じです。どちらが本当なのか、困っています。

A そのような疑問を持つことは、とてもよいことです。疑問を抱かなければ、何の進歩もありません。実は「**2をかし**」をめぐっては、語源説が二つあり（「をこなり」との同根説・「招（を）く」からの派生説）、どちらの語源説を支持するかで、意味をどう捉えるかが分かれるように思います。ですので、話し出せば長くなってしまいます。でも、ここでは入試の観点に即して私なりの説明をしたいと思います。今の共通テストの前には、センター試験があり、さらにその前には共通一次という公的な試験がありました。共通一次が始まったのは1979年で、もう40年以上経っています。その間、「をかし」は、直接または間接的に何度も問われていますが、「おもしろい」とか「滑稽だ」という意味での出題がほとんどで、「かわいい」も数回ありましたが、**「趣がある・風情がある」といった意味での出題は、私が見る限り一度もありません。**それはなぜでしょうか。証明はできませんが、おそらく「をかし」にそんな意味はないからだと思います。その訳語を当てると、文脈的には一見通じていても、おそらく誤訳でしょう。今でも「**おもしろおかしい**」と言うように、昔から今まで一貫して「おもしろい」とか「滑稽だ」という意味が共通していて、特に古語では**それらの意味の用例が圧倒的多数**であることに疑いようはありません。

文法の対策

Q19 **自分は理系生で、古文文法がとにかく苦手です。どうしたらいいでしょうか。**

A 古文文法の量は膨大ですから、割り切りが必要です。「文法をマスターしてから文章読解に進もう」という段階論をとる限り、いつまでたっても前に進めません。共通テストの過去問を解きながら、**そこで問われている文法ポイントを理解していく**程度で十分です。特に試験本番まであと数か月を切ったら、文法は割り切りましょう。時間をかけて必死に覚えるのでなく、さっと確認するにとどめるくらいでいいと思います。

Q20 **でもやはり、これだけ覚えたらいいという最低限の古文文法を知りたいです。教えてください。**

A あえて言えば、**肯定表現か否定表現かを間違えないレベル**が最低限ですが、それは最後の非常手段です。文法をあえて大別すると、**助動詞・助詞・識別・敬語**と四分類できると思います。P50～65でまとめましたので、自分が覚えられる範囲内で覚えてください。それで結構です。できるだけ早く過去問演習に移りましょう。

Q21 **古文文法には法則性のようなものがありますか。あれば勉強しやすいです。**

A 用言や助動詞の活用には、ある程度、法則性らしいものを見つけることは可能です。しかし、数学のような定理や方程式は存在しません。多くは**暗記の要素**が占めると思います。あとは、それをどこまで受け入れるかです。

Q22 **接続助詞の「ば」の前後では主語が変わりやすいと習っています。何%くらい変わりますか。**

A 調べたことがないので、正直わかりません。出典のジャンルによっても違うでしょう。私の単なる感覚で言えば、説話では80%以上変わるかもしれません。物語では70～80%でしょうか。随筆や日記では70%を切る気がします。したがって、平均しておよそ75%と見ておくと、4回中、3回は変わるが、1回は変わらないということです。このように見ていくと、「ば」の前後で主語が変わらない場合もそれなりにあると考えなければなりません。**前後の文脈をよく考えて判断する必要があります。**「ば」の前後で主語が変わると決めつけてはいけません。

Q23 接続助詞の「て」の前後では、基本的に主語は変わらないと考えておいていいですか。

A 確かにだいたい変わりませんので、**主語の判断の有力な手段**になります。しかし、**たまに変わることもある**ので、「て」の前後で同じ主語が続くと決めつけてはいけません。最終的には文脈で決めます。

その他の知識分野の対策

Q24 和歌はどう勉強すればいいですか。

A まだ時間的に余裕のある人は、『小倉百人一首』の本で一通り勉強するのがお勧めです。それ以外では、やはり和歌を含む問題（過去問など）に当たって慣れていくことです。修辞法は、P66以降の**和歌へのアプローチ**で、掛詞を中心に一通り勉強しておきましょう。センター試験の時代には、**序詞**も数回問われています。

Q25 古典常識は必要ですか。

A 例えば「西」とあれば「極楽浄土」を指すとか、古典常識が関わっている問題は意外と出ていると思いますが、あまり神経質になる必要はありません。やり出したらキリがありません。私の考えでは、古典常識というのは、学校の授業で結構触れられているはずです。**授業をしっかり聴きましょう。**

第二部

古文知識の総まとめ

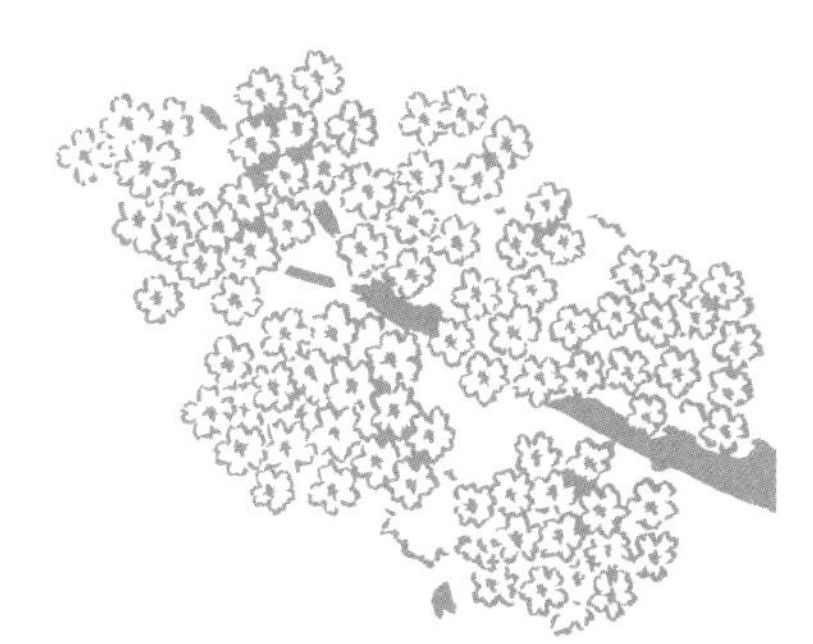

古文単語へのアプローチ

最重要21語

1 あはれなり〔形容動詞〕
❶心打たれる
❷悲しい・かわいそうだ
❸いとしい・恋しい
❹趣深い・風情が感じられる

2 をかし〔形容詞〕
❶おもしろい
❷滑稽(こっけい)だ
❸かわいい・美しい
❹趣がある・風情がある

3 いみじ〔形容詞〕
❶甚だしい・たいそう～
❷すばらしい・うれしい
❸ひどい・悲しい

理解のコツ

「ジーンと身にしみる感情」を表す。❶の「心打たれる」を中心に覚えておく。訳語は❶と❷で多くをカバーできるが、❸と❹の意味もあるので、しっかり文脈判断して、適訳を考えること。むやみに❹の訳語をあてないこと。

cf. あはれ〔感動詞〕＝ああ
cf. あはれ〔名詞〕＝❶感動　❷悲哀　❸愛情　❹風情

平安時代前期の辞書『新撰字鏡』に「咲貌」（咲(わら)ふ貌(さま)）と的確な説明がある（「咲」は「笑」と同じ）。今でも「おもしろおかしい」と言うように、**❶と❷を基本的な意味として覚えておく**（特にゲラゲラ笑ったり人を馬鹿にしたりする場合は❷の意味）。子供や女性を形容する場合は、微笑(ほほえ)ましく感じるさまから❸の意味。なお、❹の訳語は、一見通じても適切でないことが多い。出る順で言えば、❶が◎、❷が○、❸が△、❹はたぶん×。❹の意味は、古語では「**67おもしろし**」がよく該当する。

良くも悪くも程度が甚だしいことを表す語。〈甚だしい・プラス・マイナス〉のうちのどれかは文脈で判断する。上記以外にも訳語は文脈に応じて柔軟に考えること。

☑☑☑ 4 ゆゆし 〔形容詞〕
❶不吉だ・ひどい
❷立派だ・すばらしい
❸甚だしい・たいそう〜

「3いみじ」と同様に、〈甚だしい・プラス・マイナス〉の文脈判断が大事。もともとは「不吉だ・縁起が悪い」の意だが、入試では❷のプラスの意味もよくねらわれるので、最初から❶の「不吉だ」に決めつけないこと。

☑☑☑ 5 かく・さ・しか 〔副詞〕
こう・そう

「かく」「さ」「しか」の三つを指示副詞という。指示副詞は他の語と縮合して他の品詞にもなる。その代表がラ変動詞「あり」と縮合した「かかり」「さり」「しかり」である。指示内容が何か、具体化しながら読んでいくこと。

cf. かかり・さり・しかり 〔複合ラ変〕
こうだ・そうだ

☑☑☑ 6 え 〔副詞〕〜打消
〜できない【不可能】

「え」は打消語（ず・じ・まじ・で・なし）と呼応して不可能を表す陳述（呼応）の副詞である。次の慣用句にも注意する。

cf. えもいはず・えならず 〔連語〕
何とも言いようがないほど

☑☑☑ 7 な 〔副詞〕〜そ 〔終助詞〕
〜するな【禁止】

「な〜そ」の間には動詞の連用形が入る（例な書きそ）。ただし、サ変・力変動詞は未然形が入る（例なせそ・なこそ）。次の強い禁止の構文にも注意。

cf. あなかしこ・ゆめ・ゆめゆめ・かまへて〜な・べからず
決して〜するな・してはいけない

☑☑☑ 8 さらに 〔副詞〕〜打消
全く（少しも・決して）〜ない
【全否定】

「さらに〜打消」が代表的だが、左の同義語も併せて覚えておきたい。特に最初の四つがねらわれやすい。肯定文で、「おほかた」は「だいたい・一般的に」、「よに」は「実に・非常に」の意味もある。

同つゆ・たえて・おほかた・よに・すべて・つやつや・あへて・かけても・ゆめ・ゆめゆめ〜打消＝全く（少しも・決して）〜ない

☑☑☑ 9 **いかで**〔副詞〕
❶どうして・どのように（〜か）【疑問】
❷どうして（〜か、いや〜ない）【反語】
❸なんとかして（〜たい）【願望】

「どうして（why）・どのように（how）」の意になる副詞を疑問副詞という。「**いかで・いかに・いかが**」「**など（て）・な（ん）でふ・なじかは・なに・なにしに・なんぞ**」など多数ある。イメージとしては「いか〜」や「な〜」の形で覚えておくとよい。なお、疑問・反語どちらの用法かは必ず文脈判断すること。ただし、「**いかで**」だけは❸の願望の用法まである。そのため「いかで」が特にねらわれやすい。

☑☑☑ 10 **さるべき・さりぬべき・しかるべき**〔連語〕
❶適当な・ふさわしい
❷そうなるはずの前世からの因縁の
❸身分が高い・立派な

読解で重要な熟語。**「さるべき」は「さ（指示副詞）・ある・べき」が縮まった形**で、漢字をあてれば「然るべき」となる。「さりぬべき」は「さ・あり・ぬ（強意）・べき」、「しかるべき」は「しか・ある・べき」が縮まった形。直訳は「そうあるべき」だが、「べき」が適当の用法の場合、「**そうするのに適当な**」から❶の意味。「べき」が当然の用法の場合、「**そうなるはずの**」から❷の意味。「さるべき人」のような場合は「適当な人」で、昔の感覚では適当な人とはどんな人かとなれば、「**身分の高い人**」となり、❸の意味にもなる。❷は次の慣用句にも要注意。
例**さるべきにや（ありけむ）**
そうなるはずの前世からの因縁だったのだろうか
cf. ちぎり（契り）・すくせ（宿世）〔名詞〕
前世からの因縁

☑☑☑ 11 **おはす**〔サ変〕
おはします〔四段〕
いらっしゃる
【「あり・行く・来」の尊敬語】

「おはす」よりも「おはします」の方がより強い敬意を表す。「おはす・おはします」の他、「177 **ます・います・まします・いますかり**」も「いらっしゃる」の意。**古文で「ます」の付く単語はすべて尊敬語であり、丁寧語ではないから注意**（古文での丁寧語は「**21 はべり・さぶらふ**」の二語のみ）。

☑☑☑12 **おぼす（思す）**〔四段〕
おぼしめす（思し召す）〔四段〕
お思いになる【「思ふ」の尊敬語】

☑☑☑13 **きこしめす（聞こし召す）**〔四段〕
❶お聞きになる【「聞く」の尊敬語】
❷召し上がる【「食ふ」の尊敬語】

☑☑☑14 **のたまふ（宣ふ）**〔四段〕
のたまはす（宣はす）〔下二段〕
おほす（仰す）〔下二段〕
おほせらる（仰せらる）〔下二段〕
おっしゃる【「言ふ」の尊敬語】

☑☑☑15 **きこゆ（聞こゆ）**〔下二段〕
きこえさす（聞こえさす）〔下二段〕
❶聞こえる
❷評判だ・噂される
❸理解できる・分かる
❹申し上げる【「言ふ」の謙譲語】
❺〜申し上げる【謙譲の補助動詞】

「思ふ」（＝思う）や「覚ゆ」（＝思われる）と区別すること。「おぼす」よりも「おぼしめす」の方がより強い敬意を表す。
同 **思ほす**〔四段〕＝**お思いになる**

❶の意味が基本だが、❷の意味もねらわれるので注意。謙譲語の「**15きこゆ・きこえさす**」と区別すること。

「のたまふ」「おほす」よりも「のたまはす」「おほせらる」の方がより強い敬意を表す。「のたまはす」は普通これで一語ととるが、「のたまは」と「す」を分けて「す」を尊敬の助動詞とする場合もある。一方、「おほせらる」の「らる」は尊敬の助動詞だが、「おほせらる」でほぼ一語化していると考えてよい。「おほせらる」が発音変化して現代語の「おっしゃる」になったとする説がある。

「聞こゆ」は❶〜❺のすべての意味があるが、「聞こえさす」は❹と❺の意味だけ。「聞こゆ」よりも「聞こえさす」の方がより強い敬意を表す。
cf. 聞こえ〔名詞〕評判・噂
同 **申す**〔四段〕＝❶**申し上げる** ❷**〜申し上げる**

☑☑☑16 まゐる（参る）〔四段〕

まうづ（詣づ）〔下二段〕

❶参上する・参詣する

【「行く」の謙譲語】

❷奉仕する・何かをし申し上げる

【「す」の謙譲語】

❸お召しになる・召し上がる・お乗りになる

【「着る・食ふ・乗る」の尊敬語】

「まゐる」は❶〜❸のすべての意味があるが、「まうづ」は❶の意味だけ。❷は「御格子参る」（＝お窓をお上げ申し上げる・お下ろし申し上げる）を覚えておく。❸の尊敬語の用法にも注意。「衣・食・乗」のゴロで覚えておく（「19 たてまつる（奉る）」の❸も同じ）。

☑☑☑17 まかる（罷る）〔四段〕

まかづ（罷づ）〔下二段〕

❶退出する【「退く」の謙譲語】

❷行きます・参ります

【「行く」の丁寧語的用法】

「まかる」は❶の他、❷の意味でも使われやすい。「まかづ」はほとんど❶の意味だけに使われる。「まかる」には、「まかり＋動詞」で「〜ます」の意の用法もある。

☑☑☑18 まゐらす（参らす）〔下二段〕

❶差し上げる【「与ふ」の謙譲語】

❷〜申し上げる【謙譲の補助動詞】

「16 まゐる（参る）」としっかり区別すること。文中に「参らせ」と出てきたら、「参ら＋せ（使役・尊敬）」の場合もあるが、「参らす」の未然形か連用形であることが圧倒的に多い。品詞分解の問題でねらわれやすい。

☑☑☑19 たてまつる（奉る）〔四段〕

❶差し上げる【「与ふ」の謙譲語】

❷〜申し上げる【謙譲の補助動詞】

❸お召しになる・召し上がる・お乗りになる

【「着る・食ふ・乗る」の尊敬語】

基本的には謙譲語の❶と❷の意味だが、尊敬語の❸の用法もあるので注意。

☑☑☑ **20 たまふ（給ふ）**

❶お与えになる・下さる【四段・「与ふ」の尊敬語】
❷〜なさる・お〜になる【四段・尊敬の補助動詞】
❸〜ております・〜ます【下二段・謙譲の補助動詞】

❶・❷の尊敬語で用いられることが多い。❸の下二段活用の謙譲語の「給ふ」は主に**会話文**で使われ、主語が必ず「**私**」であり、話し手が聞き手に対して**へりくだる**言い方になる。丁寧語的に訳すとよい。

cf. たまはす（給はす）〔下二段〕
お与えになる・下さる【「与ふ」の尊敬語】

☑☑☑ **21 はべり（侍り）**〔ラ変〕
さぶらふ（候ふ）〔四段〕

❶お仕えする・お控えする・伺候（しこう）する【「あり」の謙譲語】
❷います・おります・あります・ございます【「あり」の丁寧語】
❸〜です・〜ます・〜でございます【丁寧の補助動詞】

二語とも訳語は共通する。ただし、「はべり」は実は**ほとんど❷と❸の丁寧語のみ**。文中に「はべり」が出てきたら、まずは丁寧語で解釈してみること。一方、「さぶらふ」は❶の謙譲語と❷・❸の丁寧語がおよそ半々のイメージで、しっかり文脈判断すること。

❁重要179語

☑☑☑ **22 あかず（飽かず）**〔連語〕

❶満足できない・物足りない
❷名残惜しい

理解のコツ

「飽く」は「満足する」の意だが、多くは「飽かず」の形で出てくる。現代語の「飽きない・いやにならない」の意は、古文ではほとんど出てこない。「**あかぬ別れ**」などの場合は、❷の訳語をよくあてる。

☑☑☑ **23 あからさまなり**〔形容動詞〕

ほんのちょっとの間だ

現代語の「露骨だ」という意味と区別すること。

cf. とばかり〔副詞〕＝**しばらくの間**

⧄⧄⧄ **24 あきらむ（明らむ）**〔下二段〕
明らかにする

「**明らむ**」と漢字をあてて覚える。現代語の「あきらめる」（＝断念する）と区別すること。

⧄⧄⧄ **25 あくがる**〔下二段〕
❶さまよい出る・離れ出る
❷うわの空になる

「あくがる」の「がる」はもとは「**離（か）る**」。❷は現代語の「あこがれる」につながる意味。

⧄⧄⧄ **26 あさまし**〔形容詞〕
驚きあきれる

文脈によってはもっと具体化すること。マイナスの意味の場合が多いが、プラスの意味の場合もある。

⧄⧄⧄ **27 あそび（遊び）**〔名詞〕
音楽（管絃）の遊び

古語では上記の意味に限定して使われることが多い。

⧄⧄⧄ **28 あたらし（惜し）**〔形容詞〕
惜しい・もったいない

今でも「あたら（＝惜しいことに）若い人を亡くして」などと言う。

⧄⧄⧄ **29 あつし（篤し）**〔形容詞〕
病気がちだ・病弱だ・重病だ

「熱（ねつ）で体が熱（あつ）い→**病気がちだ**」などと覚えておく。

⧄⧄⧄ **30 あてなり（貴なり）**〔形容動詞〕
❶高貴だ・身分が高い
❷上品だ

高貴な人は気品があることから、❷の意味にもなる。❷で訳す方が多い。
cf. いやし（卑し）〔形容詞〕＝❶**身分が低い・下賤だ** ❷**下品だ**

⧄⧄⧄ **31 あなかま**〔連語〕
しっ、静かに・ああやかましい

「あなやかまし」や「あなかまびすし」の下が取れた形と考えておく。「しっ、静かに」の訳語の方が使われやすい。「**あな**た、や**かま**しい！」と覚える。

□□□ 32 **あまた・そこら・ここら**〔副詞〕
たくさん

頭文字をとって「**あ・そ・こ**（に）たくさん（ある）」のゴロで覚えておく。

□□□ 33 **あやし**〔形容詞〕
❶奇妙だ・不思議だ（→こと）
❷身分が低い・下賤だ（→人）
❸粗末だ・みすぼらしい（→物）

何（事柄・人・物）の説明かによって❶〜❸を区別する。❶は「奇し・怪し」、❷・❸は「賤し」の字をあてる。

□□□ 34 **ありがたし**〔形容詞〕
❶めったにない
❷（めったにないほど）すばらしい

漢字をあてれば「**有り難し**」で、「**存在することが難しい**」が原義。古文では現代語の「感謝する」の意味はまずない。

□□□ 35 **ありく（歩く）**〔四段〕
歩き回る・出かける

あちこち動き回るイメージ。極力、単に「歩く」と訳さないこと。補助動詞の場合は「〜して**回る**」と訳す。

□□□ 36 **ありし**〔連体詞〕
以前の・かつての・昔の

もとは「あり＋し（過去の助動詞「き」の連体形）」だが、「ありし」で一語化した。今でも「ありし日の面影を残す」などと言う。

□□□ 37 **ありつる**〔連体詞〕
さっきの・例の

もとは「あり＋つる（完了の助動詞「つ」の連体形）」だが、「ありつる」で一語化した。ほぼ当日中のことに用いる。

□□□ 38 **あるじす**〔サ変〕
あるじまうけす〔サ変〕
（客を）もてなす・ごちそうする・饗応する

名詞の「**あるじ**」は「❶**主人** ❷**もてなし・ごちそう**」の意で、それに「す」が付いてサ変動詞になった。「153**もてなす**」とは意味を区別すること。なお、「客」を意味する古語は「**まらうど**」。

☐☐☐ **39 いかに・いかが**〔副詞〕

どのように・どうして

> 疑問副詞の代表格。疑問か反語かは文脈判断すること。

☐☐☐ **40 いかに（かは）せむ・いかが（は）せむ**〔連語〕

❶どうしようか【疑問】
❷どうしようもない【反語】

> ❶か❷か文脈判断が必要だが、上記の「かは」や「は」の付く形は、❷の「（どうしようか、いや）**どうしようもない**」の反語の意味になりやすい。

☐☐☐ **41 いさ（〜知らず）**〔副詞〕

さあどうだか（〜分からない）

> 「さあ?」と首をかしげるようなさまを表す。**42**の感動詞「**いざ**」とは区別すること。

☐☐☐ **42 いざたまへ（いざ給へ）**〔連語〕

さあいらっしゃい

> 「いざ来たまへ」の略と言われる。人を招き寄せる表現。徒然草に「いざ給(たま)へ、出雲拝み」とある。

☐☐☐ **43 いたづらなり**〔形容動詞〕

❶無駄だ・役に立たない
❷むなしい

> 「いたづら」は「徒労」（＝無駄な骨折り）の「**徒**」の字をあてる。現代語の「悪ふざけ」の意味と区別すること。

☐☐☐ **44 いつしか**〔副詞〕

早く（〜したい・してほしい）

> 多くは**願望表現と呼応**する。更級日記の「いつしか梅咲かなむ」（＝早く梅の花が咲いてほしい）の例文で覚えておく（「**196 未然形＋なむ**」は願望の終助詞）。

☐☐☐ **45 いと・いたく**〔副詞〕

たいそう・とても

> 「**いと・いたく〜打消**」のように下に打消語を伴う場合は部分否定で「**あまり・それほど〜ない**」の意になる。

☐☐☐ **46 いとど**〔副詞〕

ますます・いっそう

> 「**45 いと**」と訳語を区別すること。

☐☐☐ **47 いとけなし・いはけなし** 〔形容詞〕

幼い

「**いときなし**」とも言う。「をさなし」の同義語として覚えておく。

☐☐☐ **48 いとほし** 〔形容詞〕

❶気の毒だ・かわいそうだ
❷かわいい・いとしい

基本的には❶の意味で覚えておく。ただし❷の意味もたまにねらわれる。

同 **88 こころぐるし（心苦し）** 〔形容詞〕＝**気の毒だ・かわいそうだ**

☐☐☐ **49 いふもさらなり・いへばさらなり**

〔連語〕

言うまでもない・もちろんだ

「言うと今更の感じだ→（今更）言うまでもない」の意。「**68（いふも）おろかなり**」とは訳語を区別すること。

同 **さらにもいはず・さらにもあらず**＝**言うまでもない・もちろんだ**

☐☐☐ **50 いも（妹）** 〔名詞〕（男性から見て）

恋人の女性・妻・姉妹

cf. せ（背） 〔名詞〕（女性から見て）＝**恋人の男性・夫・兄弟**

「妹背の仲らひ」なら「男女仲・夫婦仲」の意。また、「背＋人」から「せうと（兄人）」となれば、「兄」の意になることが多い。

☐☐☐ **51 いらふ** 〔下二段〕

答える・返事する

cf. いらへ 〔名詞〕＝**返事**

☐☐☐ **52 うし（憂し）** 〔形容詞〕

つらい

「**こころうし（心憂し）**」とも言う。基本的には「つらい」の訳語で覚えておけば十分。

☐☐☐ **53 うす（失す）** 〔下二段〕

❶いなくなる
❷死ぬ

古語では❷の意味にも注意。「**147 みまかる・かくる**」、「**189 はかなくなる・むなしくなる・いたづらになる**」とセットで覚えておく。

☐☐☐ **54 うたてし** 〔形容詞〕

❶不愉快だ・いやだ
❷情けない

「**うたて**」〔副詞〕、「**うたてあり**」〔連語〕の形でも出てくる。類義語に「**149 むつかし**」がある。

□□□55うち（内）〔名詞〕
❶宮中・内裏
❷天皇

□□□56うつくし・らうたし〔形容詞〕
かわいい

□□□57うつつ（現）〔名詞〕
❶現実
❷正気

□□□58うへ（上）〔名詞〕
❶天皇
❷貴人の妻
❸殿上の間
❹身の上・こと

□□□59うるはし〔形容詞〕
❶きちんとしている
❷美しい・端麗だ

□□□60おくる（後る・遅る）〔下二段〕
死におくれる・先立たれる

□□□61おこたる（怠る）〔四段〕
病気が治る・快方に向かう

「春宮・東宮（＝皇太子）→帝・内・上・公（＝天皇）→院（＝上皇・法皇）」の流れをしっかりおさえておく。皇太子が即位して天皇、天皇が退位して上皇、上皇が出家して法皇である。「春宮・東宮」は読みもよく出る。

「うつくし」は小さくて愛らしいものについて言うことが多い。「らうたし」はか弱い者を守ってあげたくなるような可憐さを表す。

「夢かうつつか」などと言い、❶は「夢」の対義語としての意味。❷は現実をしっかり認識できている状態の意味。

❶の意味が特にねらわれやすい。❷は源氏物語で「葵の上」「紫の上」などという呼称で出てくるのがそれ。❸は宮中の清涼殿にある殿上人の控え室のこと。❹は「人の上」などの言い方で出てきやすい。

基本的には❶の意味で覚えておくこと。対義語に「100しどけなし」（＝だらしない）がある。

徒然草に「人におくれて、四十九日の仏事に」とある。
cf. 先立つ〔四段〕＝先に死ぬ

対義語の「127なやむ」（＝病気になる）とセットで覚えておくこと。
cf. おこたり〔名詞〕＝❶謝罪・おわび ❷過失・罪 ❸怠慢
「怠慢」は「過失」で「謝罪」につながるという流れで覚えておく。特に❶の意味がねらわれやすい。

☐☐☐ **62 おこなふ（行ふ）**〔四段〕

仏道修行する・勤行（ごんぎょう）する

古語では上記の意味で限定的に使うことが多い。

cf. おこなひ（行ひ）〔名詞〕＝**仏道修行・勤行**

☐☐☐ **63 おとなし（大人し）**〔形容詞〕

❶大人びている
❷年配だ・年配で思慮分別がある

「**大人し**」の字をあてる。子供の場合は❶、大人の場合は❷。現代語の「もの静かで、活動的でない」の意味と区別すること。次の関連語も覚えておく。

cf. ねぶ〔上二段〕＝**❶成長する・大人になる　❷年をとる・老いる**

☐☐☐ **64 おどろく（驚く）**〔四段〕

❶目を覚ます・起きる
❷気づく・びっくりする

「おどろく」は自動詞で、次の「おどろかす」は他動詞。

cf. おどろかす（驚かす）〔四段〕＝**目を覚まさせる・起こす**

☐☐☐ **65 おぼつかなし・こころもとなし**〔形容詞〕

❶はっきりしない
❷気がかりだ
❸じれったい・待ち遠しい

二語とも❶〜❸の訳語は共通するが、「おぼつかなし」は❷、「こころもとなし」は❸がメインの意味。

cf. うしろめたし〔形容詞〕＝**気がかりだ**

☐☐☐ **66 おぼゆ（覚ゆ）**〔下二段〕

❶思われる
❷よく似る

現代語の「覚える」（＝記憶する）とは区別する。名詞の「おぼえ」（特に❶）にも注意。今でも「社長のおぼえがめでたい人」などと言う。

cf. おぼえ（覚え）〔名詞〕＝**❶寵愛・信任　❷評判**

☐☐☐ **67 おもしろし（面白し）**〔形容詞〕

美しい・趣深い・風流だ

美しい自然の風景や音楽の音色などについて言うことが多い。ただし、現代語と同じ「おもしろい・愉快だ」の意味で使われることもある。

☐☐☐ **68 おろかなり**〔形容動詞〕

❶おろそかだ・いいかげんだ・不十分だ・疎略だ **【疎か】**
❷愚かしい・馬鹿だ **【愚か】**

> 古文で「おろかなり」と出てきたら、まずは❶の意味で考えてみること。「おろかはおろそか」で覚えておく。次の慣用句にも注意。
> **cf. ～といふもおろかなり・～といへばおろかなり**
> **～と言うくらいでは不十分だ・～では言い尽くせない・～どころではない**

☐☐☐ **69 かきくらす**〔四段〕

❶心が暗くなる・悲しみにくれる
❷空が暗くなる

> 「**かき暗す**」の漢字をあてて覚えておく。❷が原義だが、❶の方がねらわれやすい。

☐☐☐ **70 かぎり（限り）**〔名詞〕

❶臨終・最期
❷最後
❸だけ・全部
❹限度

> 「命」の限度であり最後である❶の意味に特に注意。❶の場合は「**限りある道**」とも言い、「**今はの際**」も同じ意味。次の類義語も覚えておく。
> **cf. さらぬわかれ（避らぬ別れ）**〔連語〕＝**死別**

☐☐☐ **71 かしこし**〔形容詞〕

❶畏れ多い **【畏し】**
❷すぐれている・うまく **【賢し】**

> 古語特有の❶の意味も問われるが、入試でよくねらわれるのは実は❷の方。現代語の「賢い」より意味の幅が広いので注意。「うまく（上手に）」の意は、主に連用形の「**かしこく**」の形で出てくる。

☐☐☐ **72 かしづく・いつく**〔四段〕

❶大切に育てる
❷世話する

> 「かしづく」は本来「頭付く」かとされ、低姿勢で（自分の頭を地面に付けるように）相手を世話するさま。❶は、「娘を」育てる場合に言うことが多い。「いつきかしづくこと限りなし」のように、二語を重ねて言うこともある。

☐☐☐ **73 かたち**〔名詞〕

容貌・容姿

> 古語では「**顔の形＝容貌**」を表すことが多い。

□□□ **74 かたはらいたし**〔形容詞〕

❶きまりが悪い・恥ずかしい
❷苦々しい・みっともない

「**傍**（かたはら）**痛し**」の漢字をあてる。誰かの側にいて心が痛むさまを表すが、訳語的には❶がよくあてはまる。現代語の「片腹痛い（かたはらいた）」（＝滑稽だ・笑止千万だ）とは区別すること。

回はしたなし〔形容詞〕＝**きまりが悪い・恥ずかしい**

□□□ **75 かたみに（互に）**〔副詞〕

たがいに

「**形見の品として**」の意の「**形見に**」〔名詞＋助詞〕の場合もあるが、入試で問われるのは普通、副詞の方。「片身に」からできた語と考えられる。

□□□ **76 かたらふ（語らふ）**〔四段〕

❶親しくする
❷仲間に引き入れる
❸語り合う

❸が原義だが、そこから❶の意味でよく使われる。❶は同性間（友人）にも異性間（恋人）にも使われる。

□□□ **77 かちより（徒歩より）**〔連語〕

徒歩で

「馬より」（＝馬で）、「舟より」（＝舟で）などと同じく、移動の手段を表す言い方。

□□□ **78 かづく（被く）**

❶（褒美を）もらう・かぶる【四段】
❷（褒美を）与える・かぶらせる【下二段】

「**もらう**」と「**与える**」の意味を中心に覚えておく。頭から水をかぶることから、次の語も生まれた。

cf. かづく（潜く）〔四段〕＝**水中に潜る**

□□□ **79 かなし**〔形容詞〕

❶かわいい・いとしい【**愛し**】
❷悲しい【**悲し**】

プラス（❶）かマイナス（❷）か、しっかり文脈判断すること。次のサ変動詞にも注意。「**かなしくす**」がよくウ音便化して「**かなしうす**」となる。

cf. かなしうす〔サ変〕＝**かわいがる**（プラスの意味のみ）

□□□ **80 ～がり・～のがり**〔名詞〕

～のもとへ・～のところへ

「**許**（がり）」の字をあてる。漢字の読みもねらわれる。「行く」や「率（ゐ）て行く」（＝連れて行く）などの動詞に係る。

⧄⧄⧄ **81 ぐす（具す）**〔サ変〕
❶連れる
❷従う・連れ添う
❸持つ・持って行く

基本的には❶の訳語を覚えておけばいいが、文脈によっては❷・❸もある。「人を」なら❶、「人に」や「人と」なら❷、「物を」なら❸。

⧄⧄⧄ **82 くまなし（隈なし）**〔形容詞〕
❶曇りや陰りがなく明るい
❷物事に通じている

「月」（多くは満月）について❶の意味で使うことが多い。
例 **くまなき月影＝明るい月の光**

⧄⧄⧄ **83 くもゐ（雲居）**〔名詞〕
くものうへ（雲の上）〔名詞〕
❶宮中
❷空

「**55うち（内）**」の類義語として特に❶の意味を覚えておく。ほかに「**ここのへ（九重）**」も「**宮中**」の意。「九重」は音読みすると「きゅうじゅう」なので「宮中（きゅうちゅう）」と覚える。

⧄⧄⧄ **84 けしうはあらず**〔連語〕
悪くはない

上記の訳語で覚えておく。
同 **よろし**〔形容詞〕＝**まあまあだ**（☞**166よし**」参照）

⧄⧄⧄ **85 けしき（気色）**〔名詞〕
様子

「気色」の字をあてるが、「気持ち」でなく、基本的に「**様子**」の意味で覚えておく。
cf. **ここち（心地）**〔名詞〕＝❶**気持ち** ❷**病気**

⧄⧄⧄ **86 げに**〔副詞〕
なるほど・本当に

「**げに・うべ・むべ**」と三点セットで覚えておく。
同 **うべ・むべ**〔副詞〕＝**なるほど・本当に**
cf. **うべなり・むべなり**〔形容動詞〕＝**なるほどだ・もっともだ**
ことわりなり〔形容動詞〕＝**もっともだ・道理だ**

⧄⧄⧄ **87 こうず（困ず）**〔サ変〕
疲れる

「困る（こまる）」の意味もあるが、基本的には「**疲れる**」の意味で覚えておく。「疲労困憊（こんぱい）」の「困」である。

⧄⧄⧄ **88 こころぐるし（心苦し）**〔形容詞〕
気の毒だ・かわいそうだ

「自分の心が苦しくなるくらい、相手のことが**気の毒だ**」の意。同情心を表す語として覚えておく。

⧄⧄⧄ **89 こころざし**〔名詞〕
❶愛情・誠意
❷贈り物

まずは❶の「**愛情**」の訳語で覚えておくこと。男女の愛情・家族の愛情ともに言う。現代語の「志（こころざし）」（＝目標）とは区別すること。

⧄⧄⧄ **90 こころにくし（心憎し）**〔形容詞〕
奥ゆかしい・上品だ

「にくし（憎し）」だけならマイナス（不快や嫌悪）の感情を表すが、「こころにくし（心憎し）」となると、基本的に**プラスの感情**。

⧄⧄⧄ **91 ことなり（異なり）**〔形容動詞〕
❶違う
❷格別だ・すぐれている

現代語の動詞「異なる」とは品詞が違う。次の「こと（異）＋体言」の形にも注意。また、副詞の「ことに（殊に）」とは区別すること。

cf. こと（異）＋体言＝別の～
例 異人（ことひと）・異事（ことごと）・異国（ことくに）など
cf. ことに（殊に）〔副詞〕＝**特に・とりわけ**

⧄⧄⧄ **92 さうざうし**〔形容詞〕
もの足りない・もの寂しい

「寂寂（さびさび）し」がウ音便化したものと覚えておく。「騒々しい」ではない。源氏物語に「その人のなきこそ、いとさうざうしけれ」とある。

⧄⧄⧄ **93 さかし（賢し）**〔形容詞〕
❶利口だ・しっかりしている
❷利口ぶっている・小賢（こざか）しい

プラス（❶）・マイナス（❷）両方で使う。名詞の「さかしら」はマイナスの意味のみ。

cf. さかしら〔名詞〕＝**❶利口ぶること ❷おせっかい**

⧄⧄⧄ **94 さがなし**〔形容詞〕
❶性悪だ・意地が悪い
❷悪戯（いたずら）だ・やんちゃだ

「**性（さが）無し**」＝「いい性格がない」の発想で覚えておく。❷は子供について言う場合。

95 ～さす〔四段・接尾語〕
～するのを途中でやめる

連用形に付く。今でも「食べさしのパン」などという。

96 さて〔副詞・接続詞〕
そのままで・そうして

指示副詞の「5さ」に、接続助詞の「て」が付いてできた語。現代語の「ところで」という意味とは区別すること。次の慣用句にも注意。

例 **さてしもあるべきならねば**
いつまでもそうしてはいられないので

97 さながら・しかながら〔副詞〕
❶そのまま
❷すべて・全部

指示副詞の「5さ・しか」に、継続の接続助詞「ながら」が付いてできた語。「ながら」には「～のまま」の意がある（例えば「昔ながらの町並み」など）。「しかながら」は「**しかしながら**」になっても同じ意味。❷は「そっくりそのまま→**すべて**」の意。

98 さはる（障る）〔四段〕
さしつかえる・障害となる

今でも「さしさわる」「さしさわりとなる」と言う。
cf. **さはり（障り）**〔名詞〕＝さしつかえ・障害

99 さはれ・さばれ〔感動詞〕
（ええい）ままよ・どうにでもなれ

「さはあれ」（＝そうあれ）が縮まってできた語。やけになって言う語。「ままよ」は「**どうにでもなってしまえ**」という意味。

100 しどけなし〔形容詞〕
❶だらしない
❷くつろいでいる・無造作だ

主に身なりについて、きちんとしていないさまを表す語。マイナス（❶）・プラス（❷）両方で使う。❷はくだけた様子を好ましく感じる場合の意味。

101 しのぶ（忍ぶ）〔上二段・四段〕
❶我慢する・こらえる
❷こっそり～する

「忍耐」から❶、「人目を忍ぶ」から❷の意味をイメージできる。次の同音異義語にも注意。
cf. **しのぶ（偲ぶ）**〔四段・上二段〕＝なつかしく思い出す

⧄⧄⧄ 102 **しる（知る・領る）**〔四段〕
治める・領有する

現代語と同じく単なる「知る」の意味もあるが、古語では特に上記の意味に注意。今でも都道府県の首長を「知事」という。知事とは政（まつりごと）を治める人の意。

⧄⧄⧄ 103 **しるし（験）**〔名詞〕
❶効き目
❷（神仏の）御利益（ごりやく）・霊験（れいけん）

まずは❶の意味で覚えておく。❷は神仏に祈った時の効き目のこと。
cf. しるし（著し）〔形容詞〕＝**はっきりしている**

⧄⧄⧄ 104 **すき（好き）**〔名詞〕
❶風流
❷好色

対象に深く執着することをいう。和歌・音楽・茶の湯などの場合は❶、異性の場合は❷。動詞の「**好く**」、形容詞の「**すきずきし（好き好きし）**」は「❶風流だ ❷好色だ」の意。

⧄⧄⧄ 105 **すさまじ**〔形容詞〕
❶興ざめだ
❷殺風景だ

現代語の「すさまじい」（＝ものすごい）とは区別すること。❶の「興ざめだ」で覚えておけばよい。

⧄⧄⧄ 106 **すずろなり・そぞろなり**〔形容動詞〕
❶何ということもない
❷むやみやたらと・むしょうに

「**漫ろ**」の字をあて、これといった理由や目的もなく、漫然（まんぜん）としたさまを表す語。❷は連用形の「**すずろに**」「**そぞろに**」の形で出てくる。特に❷の意味に注意。

⧄⧄⧄ 107 **たのむ（頼む）**
❶あてにする・頼りにする【四段】
❷あてにさせる・頼りにさせる【下二段】

❶は「自分が相手を**あてにする**」、❷は「相手が自分を**あてにさせる**」という文脈で使われることが多い。例えば、女は男をあてにし、男も女をあてにさせていた（＝結婚の約束をしていた）が、結局、男は約束を反故（ほご）にした、など。

⧄⧄⧄ 108 **たより（頼り・便り）**〔名詞〕
❶機会・ついで
❷手段・つて

「頼りになるもの」が原義。❶の意味をよく覚えておく。古語の「たより」を「手紙」の意味で使うのはまれで、現代語の「便り・手紙」に該当する古語は「**消息**（せうそこ）」や「**文**（ふみ）」。

109 ちしき（知識）〔名詞〕
❶仏道に入る機縁
❷僧

「ぜんちしき（善知識）」とも言う。仏教説話などで出てくる語。特に❶の意味に注意。

cf.ほだし（絆）〔名詞〕＝❶束縛　❷（出家の妨げとなる）家族

110 つつまし〔形容詞〕
気がひける・恥ずかしい

自分自身を包みこんで隠したくなるほど、自然と遠慮されるさまを表す。

111 つらし〔形容詞〕
（相手が）薄情だ・冷淡だ

現代語と同じく「（耐えがたくて自分が）つらい」の意味もあるが、古語では基本的に上記の意味で覚えておく。

112 つれづれなり〔形容動詞〕
退屈だ・手持ち無沙汰だ

「徒然（つれづれ）」の字をあてる。することがなくて退屈なさまを表す語。「所在ない」とも訳す。

113 つれなし〔形容詞〕
平気だ・平然としている

現代語と同じく「つれない」（＝薄情だ・冷淡だ）の意味もあるが、古語では基本的に上記の意味で覚えておく。平気でないのに、平気なふりをするという文脈で使うことが多い。

114 て（手）〔名詞〕
❶文字・筆跡
❷手段
❸手勢
❹手傷
❺楽曲

古語では❶の意味が圧倒的に重要。今でも習字のことを「手習い」という。もちろん、普通に身体の「手」を言うことも多い。
例 **男手（で）**〔名詞〕＝漢字
女手（で）〔名詞〕＝ひらがな

115 ときめく（時めく）〔四段〕
❶寵愛（ちょうあい）を受ける
❷（時流に乗り）栄える

男女ともに時流に乗って栄えることを言うが、特に貴人（天皇など）から愛されるという❶の意味に注意。
cf.時めかす〔四段〕＝❶寵愛する　❷重用する

☐☐☐ 116 **ところせし（所狭し）**〔形容詞〕

❶（狭く感じるほど）いっぱいだ

❷窮屈だ・気詰まりだ

単に「場所が狭い」というよりは、上記の意味で用いられる。❶の意味が基本で、そこから心理的に❷の意味にも使われる。

☐☐☐ 117 **とし（疾し）**〔形容詞〕

早い

連用形の「**とく**」（＝早く）で出てきやすい。また、それを重ねた「**とくとく・とうとう**」（＝早く早く）の言い方もある。

☐☐☐ 118 **としごろ（年頃・年来・年比）**〔名詞〕

長年・数年間

ほとんど「**長年**」の訳語でいける。また、「**月**（つき）**ごろ**」なら「**何か月もの間・数か月間**」の意、「**日**（ひ）**ごろ**」なら「**何日もの間・数日間**」の意。

☐☐☐ 119 **とぶらふ**〔四段〕

❶訪問する・（病人などを）見舞う
【訪ふ】

❷（死者を）とむらう・供養する
【弔ふ】

「とぶらふ」が「とむらう」と発音変化して現在に至っているが、古語では❶の意味にも注意。名詞の「**とぶらひ**」なら「訪問・見舞い・弔問（ちょうもん）」の意だが、「**見舞い**」の意が重要。

☐☐☐ 120 **なかなか**〔副詞〕

かえって・なまじっか

現代語の「かなり・相当」の意味とは区別する。次の形容動詞の場合は、「～」の部分を具体化する。

cf. なかなかなり〔形容動詞〕＝**かえって～だ・かえってしない方がましだ**

☐☐☐ 121 **ながむ（眺む）**〔下二段〕

ぼんやり物思いにふける

現代語の「眺める」とは一応区別する。次の同音異義語にも注意。

cf. ながむ（詠む）〔下二段〕＝**詩歌を吟じる**

☐☐☐ 122 **なつかし**〔形容詞〕

心ひかれる・親しみやすい

動詞の「なつく」（＝なれ親しむ）が形容詞化した語。「昔のことが思い出されて慕わしい」という現代語の意味とは区別が必要。

☐☐☐ 123 **など・などて**〔副詞〕

どうして

疑問副詞の代表格。疑問か反語かは文脈判断すること。

124 なべてならず・なのめならず・ななめならず〔連語〕

並々でない・普通でない

次の肯定の形にも注意する。
cf. なべて〔副詞〕＝普通・一般に・すべて
cf. なのめなり〔形容動詞〕＝普通だ・いいかげんだ

125 なほざりなり（等閑なり）〔形容動詞〕

いいかげんだ・おろそかだ

真剣にしないさまを表す語。ほぼ同義語に「**68 おろかなり**」「**124 cf. なのめなり**」がある。

126 なめし〔形容詞〕

無礼だ・失礼だ

「なめんなよ！　無礼だ（失礼だ）」で覚えておく。

127 なやむ（悩む）〔四段〕
なやまし（悩まし）〔形容詞〕

病気になる・病気だ

現代語では精神的苦しみを表すが、古語では主に身体的苦しみを表す。対義語の「**61 おこたる**」（＝病気が治る）とセットで覚えておくこと。

128 ならふ〔四段〕**・なる**〔下二段〕

❶慣れる【**慣らふ・慣る**】
❷なれ親しむ【**馴らふ・馴る**】

❶の意味が基本。古語の「ならふ」は「**慣らふ**」の字をあてて覚えておく。「人に馴（な）れる」場合は❷の意味になる。

129 なんでふ・なでふ

❶〔連体詞〕なんという
❷〔副詞〕どうして

「**何（なに）と言（い）ふ**」が発音変化してできた語。本来❶だが、派生した❷の意味でも用いられる。

130 にほふ（匂ふ）〔四段〕

❶美しい・美しく照り映える
❷香る

古文では❶の意味がよくねらわれるが、❷の意味もあるので、一応文脈判断が必要。
cf. にほひ（匂ひ）〔名詞〕＝❶美しさ　❷香り

131 ねんごろなり（懇ろなり）〔形容動詞〕
❶熱心だ
❷親しい

対象に心を込めて接するさまを表す語。
回むつまし（睦まし）〔形容詞〕＝親しい

132 ねんず（念ず）〔サ変〕
❶我慢する・こらえる
❷祈る

❶の意味を中心に覚えておく。
回たふ（耐ふ・堪ふ）〔下二段〕
101 しのぶ（忍ぶ）〔上二段・四段〕｝＝我慢する・こらえる

133 ののしる〔四段〕
大声で騒ぐ・大騒ぎする

現代語の「罵倒（ばとう）する」という意味と区別すること。

134 はかなし〔形容詞〕
❶頼りない
❷つまらない・ちょっとした

現代語の「はかない」（＝むなしい）よりも意味の幅が広いので注意。訳語は文脈に応じて上記以外にも柔軟に考えること。
cf. 189 はかなくなる〔連語〕＝死ぬ・亡くなる

135 はかばかし〔形容詞〕
❶しっかりしている・頼もしい
❷順調だ

「**134 はかなし**」の対義語。❶の意味を中心に覚えておく。

136 はづかし（恥づかし）〔形容詞〕
❶（こちらが恥ずかしくなるほど相手が）立派だ
❷恥ずかしい

古語でも現代語と同様に❷の意味が基本だが、古語特有の❶の意味に注意。例えば「恥づかしき人」なら❶の意味。

137 はやう（はやく）〔副詞〕～**けり**〔助動詞〕
なんと～なのだなあ

詠嘆の助動詞「けり」と呼応する。

☑☑☑ 138 はらから（同胞）〔名詞〕
兄弟姉妹

「同じ母の腹から生まれた」ので、兄弟姉妹。

☑☑☑ 139 ひがこと（僻事）〔名詞〕
間違い・道理にはずれたこと

「ひがごと」とも言う。それ以外にも「ひが〜」の言い方が多い。
cf. ひがめ（僻目）〔名詞〕＝見間違い
cf. ひがみみ（僻耳）〔名詞〕＝聞き間違い

☑☑☑ 140 人やりならず〔連語〕
自分から進んですることだ・自分のせいだ

人から強制されるのではないさまを表す。「人からやらされるのではない→自分が自分の意志でするのだ」の流れで覚えておく。

☑☑☑ 141 びんなし（便無し）〔形容詞〕
都合が悪い・不都合だ

「びんあし（便悪し）」とも言う。「びん（便）」は「都合」の意。
cf. ふびんなり（不便なり）〔形容動詞〕
❶都合が悪い・不都合だ　❷気の毒だ・かわいそうだ

☑☑☑ 142 ふみ（文）〔名詞〕
❶手紙
❷漢詩文・漢籍・学問
❸書物

❶の意味で使われることが多いが、❷・❸の意味にも注意。次の語も覚えておく。
cf. さくもん（作文）〔名詞〕＝漢詩文を作ること・作った漢詩文

☑☑☑ 143 ほど（程）・きは（際）・しな（品）・み（身）〔名詞〕
（共通する意味に）身分

「ほどほど」なら「身分相応」の意で、これの対義語が「おほけなし」（＝身分不相応だ）。

☑☑☑ 144 まうく〔下二段〕
❶準備する・用意する【設く】
❷手に入れる・得る【儲く】

❶の意味は今でも「ここに席をもうける」などの言い方で残る。
cf. まうけ（設け）〔名詞〕＝❶準備・用意　❷ごちそうの準備・食事のもてなし

☐☐☐ 145 **まめなり**〔形容動詞〕・**まめまめし**〔形容詞〕

❶まじめだ・誠実だ
❷実用的だ・生活に役立つ

次の対義語と必ずセットで覚えておく。
⇔**あだなり**〔形容動詞〕・**あだあだし**〔形容詞〕
❶ふまじめだ・不誠実だ　❷無駄だ・役に立たない

☐☐☐ 146 **まもる・まぼる**〔四段〕

（じっと）見つめる

「ま（目）」＋「もる（守る）」が一語化した。「目で見守る」が原義。例えば、徒然草に「あからめもせずまもりて」とある。
cf. **あからめ（あから目）**〔名詞〕＝**わき見・よそ見**

☐☐☐ 147 **みまかる（身罷る）**〔四段〕
かくる（隠る）〔下二段〕

死ぬ・亡くなる

「死ぬ」の婉曲表現。「みまかる」は、「身」があの世へ「**17まかる**」（＝退出する）ことからできた語。「かくる」は貴人について使われることが多い。

☐☐☐ 148 **みる（見る）**〔上一段〕

❶見る
❷世話する
❸（男が）結婚する

派生語に「後見る」（＝世話する）、「垣間見る」（＝のぞき見する）などがある。次の「**みゆ**」は、❶が基本の意味だが、❷〜❹の意味にも注意する。
cf. **みゆ（見ゆ）**〔下二段〕
❶見える　❷見られる　❸（姿を）見せる　❹（女が）結婚する

☐☐☐ 149 **むつかし**〔形容詞〕

❶不快だ
❷面倒だ・煩わしい

現代語の「難しい」とは区別すること。「難しい」という意味の古語は「**かたし（難し）**」。
cf. **かたし（難し）**〔形容詞〕＝**難しい**

☐☐☐ 150 **めざまし**〔形容詞〕

気にくわない・心外だ

現代語では「めざましい活躍をする」などとプラスの意味で使うが、古語では基本的に**マイナスの意味**で覚えておく。次の語とセットで覚えておく。
同心づきなし〔形容詞〕＝**気にくわない**

151 めづ〔下二段〕
❶心ひかれる・感動する
❷ほめる・かわいがる

「**愛づ**」あるいは「**賞づ**」の字をあてる。四字熟語で「賞美愛好する」の意で覚えておくのも一法。「〜にめづ」の場合は❶、「〜をめづ」の場合は❷で訳せる。「めづ」から派生した語に「**めでたし**」がある。
cf. **めでたし**〔形容詞〕＝すばらしい

152 めやすし（目安し）〔形容詞〕
感じがよい・見苦しくない

「見た目に安心できるさま」が原義で、「**感じがよい**」の訳語で覚えておく。見た目について言う場合が多いが、それに限定しないよさにも言う。

153 もてなす〔四段〕
❶取り扱う・待遇する
❷ふるまう

現代語では「お客をもてなす」などと限定的に使うが、古語では、広く相手を好悪の感情をもって扱うことを言う。❷は相手に対してでなく、「元気にふるまう」など、自分自身の態度について言う場合。

154 もと（本）〔名詞〕
❶上の句
❷もともと・根本

❶の意味に注意。二人で「本（もと）」（＝上の句）と「末（すゑ）」（＝下の句）を付け合い、一首の和歌を作る文芸を「連歌（短連歌）」という。
cf. **すゑ（末）**〔名詞〕＝**❶下の句　❷子孫・末裔（まつえい）　❸将来**

155 ものす（物す）〔サ変〕
❶いる・行く・来る
❷何かをする

いろいろな動詞の代わりになる語。比較的❶の意味で使われやすいが、「文（ふみ）ものす」（＝手紙を書く）など、❷は**文脈に応じて具体的に訳す**こと。

156 やうやう・やうやく〔副詞〕
だんだん・次第に

「やうやく（漸く）」がウ音便化した「やうやう」の形で出てきやすい。現代語の「ようやく」（＝やっとのことで）とは区別すること。

157 やがて〔副詞〕
❶そのまま
❷すぐに

古語では、前の事柄から連続して間（ま）を置かないさまを表す。現代語の「やがて」（＝しばらくして）とは区別すること。次の語も覚えておく。
同 **とりあへず**〔副詞〕・**すなはち**〔副詞〕＝すぐに

☐☐☐ **158 やさし（優し）**〔形容詞〕
❶優美だ・優雅だ・上品だ
❷殊勝だ・感心だ

現代語の「やさしい」（＝性格が温和だ）とは意味を区別する。古語では基本的には❶の意味をしっかり覚えておく。ただし中世以降、❷の意味も生じる（相手をほめる場面で使われる）。次の二語とセットで覚えておくとよい。
回 **いうなり（優なり）**〔形容動詞〕・**なまめかし**〔形容詞〕
優美だ・優雅だ・上品だ

☐☐☐ **159 やつす**〔四段〕
目立たなくする・みすぼらしくする

「様（さま）をやつす」などと言い、他動詞。それに対して、次の「やつる」は自動詞。
cf. **やつる**〔下二段〕＝目立たない姿になる・みすぼらしくなる

☐☐☐ **160 やむごとなし**〔形容詞〕
❶高貴だ・身分が高い
❷すぐれている・格別だ

「**止（や）む事無し**」で、どこまでも止（と）まることがないほど最高級であるさまを表す。❶の場合、「**30 あてなり**」を上回る最高級の高貴さを表す。

☐☐☐ **161 やる（遣る）**〔四段〕
送る・派遣する

次の対義語の「おこす（遣す）」と必ずセットで覚えておく。また、同音異義語の「**やる（破る）**」にも注意する。
⇕**おこす（遣す）**〔下二段〕＝送ってくる・よこす
cf. **やる（破る）**〔四段〕＝破る

☐☐☐ **162 やをら・やはら**〔副詞〕
そっと・静かに

今でも「やおら」と言う。「急に」の意味ではないので注意。

☐☐☐ **163 ゆかし**〔形容詞〕
❶見たい・聞きたい・知りたい
❷心ひかれる

文脈に応じて、❶のようにできるだけ「～たい」と具体化すること。❷の意味は「奥ゆかしい」という言葉で今でも残る。「**4 ゆゆし**」と混同しないこと。

164 ゆくりなし〔形容詞〕
突然だ・不意だ

「ゆっくりじゃない→**突然だ・不意だ**」で覚えておく。連用形の「ゆくりなく」、または助詞「も」が割り込んだ「ゆくりもなく」の形で使われやすい。

165 よ（世）・よのなか（世の中）〔名詞〕
❶男女仲・夫婦仲
❷俗世間・世間
❸時代・時
❹人生・寿命

どの意味かしっかり文脈判断すること。❷〜❹の意味で多く出てくるが、入試では❶の意味がねらわれやすい（女流文学で出てきやすい）。

166 よし（良し・善し）〔形容詞〕
❶優れている
❷（「よき人」で）身分や教養が高い

「**よし―よろし―わろし―あし**」の四段階評価で覚える。
cf. よろし（宜し）〔形容詞〕＝**❶まあまあだ　❷普通だ**
わろし（悪し）〔形容詞〕＝**よくない**
あし（悪し）〔形容詞〕＝**悪い**

167 よしなし（由無し）〔形容詞〕
つまらない

漢字表記すれば「**由無**(よしな)**し**」で、「理由がない・方法がない・関係がない」などの意味もあるが、それから派生した上記の意味を特に覚えておく。

168 よも〔副詞〕**〜じ**〔助動詞〕
まさか〜ないだろう・〜まい

「よも」は「決して」と訳しても一応可。必ず**打消推量の助動詞「じ」**と呼応する（空欄補充問題になりやすい）。今でも「よもや」の形で残る。

169 よもすがら（夜もすがら）〔副詞〕
一晩中・夜通し

対義語は「**ひねもす**」（＝**一日中**）。関連語の「つとめて」も覚えておく。よもすがら働いて翌朝も勤(つと)め出(で)（つとめて）だ！
cf. つとめて〔名詞〕＝**❶翌朝　❷早朝**

170 わざと〔副詞〕
わざわざ

現代語では「わざと（＝故意に）ウソをつく」などと、悪いニュアンスでよく使うが、古語ではどちらかといえば肯定的に使う。

□□□171 わななく〔四段〕
（ぶるぶる）震える

「わんわん泣く」ではないので注意。

□□□172 わりなし〔形容詞〕
❶道理に合わない
❷どうしようもない・つらい

「ことわり（＝道理）＋無し」からできた語。❶が原義だが、道理に合わないことに対する無力感や苦痛（❷）も表す。

□□□173 われにもあらず・あれかにもあらず・われか人か・あれか人か・われかの気色（けしき）〔連語〕
正気でない・茫然自失の状態だ

自分が自分でないような状態を表す。古語では「わ」と「あ」がよく交替する。「我・吾」の読みは「われ」「あれ」「わ」「あ」の四通り。

□□□174 ゐる〔上一段〕
❶座る・いる【居る】
❷連れる【率る】

「居る」は基本的に「座る」の意味で覚えておく。「ゐる」とひらがな表記で出てくる場合、❶か❷か、しっかり文脈判断すること。

□□□175 をこなり〔形容動詞〕
ばかだ・愚かだ

形容詞の「をこがまし」も同じ意味。名詞の「をこ」は「ばか・愚かなこと」の意。類義語に「しれもの（痴れ者）」があり、「ばか者・愚か者」の意。

□□□176 をさをさ〔副詞〕〜打消
ほとんど（めったに）〜ない

「をさをさ」は「ほとんど」の訳語で覚えておくのがよい。全否定を表す「8 さらに〜打消」などとは一応区別する。

□□□177 ます・います・まします〔四段〕
いますかり〔ラ変〕
いらっしゃる【「あり」の尊敬語】

古語で「ます」の付く語は、丁寧語でなく尊敬語。「いますかり」は「いまそかり」「いますがり」などでも同じ。

回 11 おはす〔サ変〕・おはします〔四段〕＝いらっしゃる

□□□178 おほとのごもる（大殿籠る）〔四段〕
お休みになる【「寝（ぬ）」の尊敬語】

「大きな寝殿（しんでん）に籠（こも）る→お休みになる」の意。

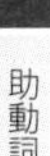

☐☐☐ 179 **めす（召す）**〔四段〕
お呼びになる【「呼ぶ」の尊敬語】

「召し上がる・お召しになる・お乗りになる」の意味もあるが、基本的には「**お呼びになる**」で覚えておけばよい。

☐☐☐ 180 **うけたまはる（承る）**〔四段〕
お聞きする・お受けする
【「聞く・受く」の謙譲語】

「**受く**」に謙譲語の「183 **たまはる（賜はる・給はる）**」が付いてできた語。貴人からのお言葉を受ける場合は「お聞きする」の意になる。「お～する」は謙譲語の訳で、「**お聞き申し上げる**」などと同じ。

☐☐☐ 181 **そうす（奏す）**〔サ変〕
天皇に申し上げる【「言ふ」の謙譲語】

「上皇や法皇に**申し上げる**」の場合もある。

☐☐☐ 182 **けいす（啓す）**〔サ変〕
中宮（皇后）に申し上げる
【「言ふ」の謙譲語】

「皇太后・太皇太后や東宮（皇太子）に**申し上げる**」の場合もある。

☐☐☐ 183 **たまはる（賜はる・給はる）**〔四段〕
いただく・頂戴する
【「受く」の謙譲語】

中世以降、尊敬語で「お与えになる・下さる」の意も生じるが、基本的には謙譲語で上記の意味を覚えておけばよい。

☐☐☐ 184 **つかうまつる（仕うまつる）**〔四段〕
❶お仕えする【「仕ふ」の謙譲語】
❷（何かを）し申し上げる・致す
【「す」の謙譲語】
❸歌をお詠みする【「詠む」の謙譲語】

「**つかまつる（仕る）**」とも言う。基本的には❶の意味が中心だが、場面によっては❷、その中でも特に❸の意味がねらわれる。

☐☐☐ 185 **しろしめす（知ろし召す）**〔四段〕
❶ご存知である
❷お治めになる【「知る」の尊敬語】

古語の「102 **しる（知る・領る）**」には単に「知る」の他、「治める」の意がある。それが尊敬語化した語である。

186 おまへ（御前）〔名詞〕
❶貴人の前・おそば
❷貴人

「御」の付く語なので、尊敬語。誰のおそばなのか、あるいは誰のことなのか、具体的に把握すること。

187 ぎやうがう（行幸）〔名詞〕
天皇のお出かけ

ごかう（御幸）〔名詞〕
上皇・法皇や女院のお出かけ

ともに「みゆき」とも読む（「御行き」が語源）。ある程度アバウトに「行幸・御幸」で「天皇や上皇のお出かけ」と覚えておけばよい。ゴロなら「天皇がみゆきとお出かけになる」と覚える。

188 形を変ふ・様を変ふ・頭下ろす・御髪下ろす・世を捨つ・世を背く・世を遁る・世を離る・世を出づ・世を厭ふ・家を出づ〔連語〕
出家する

すべて「出家」（＝仏門に入ること）を表す語句だが、「形を変ふ」から「御髪下ろす」までは、僧の姿になることに焦点をあてた言い方で、「世を捨つ」から「家を出づ」までは、俗世を捨てて修行生活に入ることに焦点をあてた言い方である。

189 はかなくなる・むなしくなる・いたづらになる〔連語〕
死ぬ・亡くなる

「死ぬ」の婉曲表現。上記三つより出題頻度は劣るが、**「いかにもなる・ともかくもなる・いふかひなくなる」**も同じ意味。

190 袖を絞る・袖を濡らす〔連語〕
涙を流す・泣く

袖→涙と連想する。**「袖（袂）の露（雫・時雨）」**なら「涙」の意。
回**しほたる（潮垂る）**〔下二段〕＝涙を流す・泣く

191 やは・かは〔係助詞〕
～か（いや～ない）

ほとんどの場合、疑問ではなく反語を表す。徒然草の「よき人は、知り顔に**やは**言ふ」（＝身分・教養の高い人は、物知り顔に言うか、いや言わない）の例文で覚えておく。

□□□ **192 もぞ・もこそ**〔係助詞〕

~しては困る・~しては大変だ

> 不安や心配を表す語法。徒然草の「雨**もぞ**降る」（＝雨が降っ**ては困る**）の例文で覚えておく。

□□□ **193 だに**〔副助詞〕

❶~でさえ【類推】

❷せめて~だけでも【希望の最小限】

> 願望・意志・命令・仮定の表現と呼応する場合は❷、他は❶とするのが目安だが、どちらでも訳せる場合がある。次の「さへ」とは区別すること。
>
> **cf. さへ**〔副助詞〕＝**その上~までも**【添加】

□□□ **194 連体形＋より**〔格助詞〕

~するやいなや・~するとすぐに

> **即時条件**を表す。他に「**連体形＋ままに**」「**連用形＋(も) あへず**」「**連体形＋や遅きと**」なども即時条件になり得る。

□□□ **195 未然形＋ばや**〔終助詞〕

~たい【自己の願望】

□□□ **196 未然形＋なむ**〔終助詞〕

~てほしい【他者への願望】

> 「ばや」と「なむ」はともに**願望**の終助詞だが、しっかり訳し分けること。また、「なむ」の識別にも注意（↓P61）。「雨も降ら**なむ**」（古今和歌集）なら、「雨が降っ**てほしい**」の意。

□□□ **197 てしがな・にしがな・もがな・がな**〔終助詞〕

~たらいいのになあ【願望】

> 四点セットで覚えるべき**願望**の終助詞。「**がな**」は願望であるが、「**かな**」は詠嘆、「**かし**」は念押しの終助詞で、しっかり区別すること（↓P59）。

□□□ **198 ものから・ものゆゑ・ものを・ものの**〔接続助詞〕

❶~けれども・~だが【逆接】

❷~ので【順接】

> 四点セットで覚えるべき接続助詞（↓P58）。ただし、入試で問われるのはほとんど❶の**逆接**の用法。特に「ものから」がねらわれやすい。「雨降る**ものから**、行く」（＝雨が降る**けれども**、行く）の例文で覚えておく。

☐☐☐ 199 AをBみ

AがBので

和歌のみの用法で、**B**には**形容詞の語幹**が入る。「山を高み」なら「山が高い**ので**」の意。「を」は省略されることがある。「を」と「み」がよく空欄補充問題になる（→P68）。

☐☐☐ 200 AましかばBまし・AませばBまし

もしもAだったらBだっただろうに

いわゆる**反実仮想の構文**。上記以外でも「**仮定条件～まし**」の形なら反実仮想の構文になる。ただし、仮定条件を伴わずに「**疑問語～まし**」なら「～しようかしら」の意で、**ためらいの意志**を表す（→P53）。

* * *

以上で200語ですが、付け足しとして、次の4語も挙げておきます。

かしらのゆき（頭の雪）〔名詞〕＝**白髪**

「雪」は「霜」となっても同じ。「面(おもて)の波」なら「顔のしわ」の意。

いはき（岩木）〔名詞〕＝**感情のないもののたとえ**

「岩木ならねば」（＝**感情がないわけ**ではないので）のように、打消語を伴って使われやすい。

てんき（天気）〔名詞〕＝**天皇の機嫌（意向）**

現代語の「空模様」という意味とは区別すること。「天気よし」なら「**天皇の機嫌**がよい」の意。

やう（様）〔名詞〕＝**❶わけ・理由　❷こと**

「やうあり」（＝**わけ**がある）、「あるやうこそは（あらめ）」（＝何か**わけ**があるのだろう）に注意する。

主要な助動詞の意味用法

☐☐☐ **る・らる**
❶受身（れる・られる）
❷尊敬（なさる）
❸自発（自然と〜される）
❹可能（できる）

☐☐☐ **す・さす・しむ**
❶使役（せる・させる）
❷尊敬（なさる・お〜になる）

☐☐☐ **き**
❶過去（た）

☐☐☐ **けり**
❶過去（た・たそうだ）
❷詠嘆（だなあ・ことよ）

理解のコツ

＊**心情を表す語**に付く場合、**自発**が多い。
例 ふるさと思ひ出で**らる**。（更級日記）
＊下に**打消語**を伴う場合、**可能**が多い。
例 目も見えず、ものも言は**れ**ず。（伊勢物語）
＊「**れ給ふ・られ給ふ**」の「れ・られ」は**尊敬以外**である（受身・自発・可能のどれかは文脈判断）。
例 光源氏、よよと泣か**れ**給ふ。（源氏物語）（→この場合、**自発**）

＊直後に**尊敬語**（**給ふ・おはします**など）**を伴わない場合**、ふつう使役。
＊直後に**尊敬語**（**給ふ・おはします**など）**を伴う場合**、ほとんど尊敬だが、使役の場合もある（一応文脈判断が必要）。
例 殿、歩(あり)か**せ**(尊敬)給ひて、御随身(みずいじん)召して、遣水(やりみづ)払は**せ**(使役)給ふ。（紫式部日記）
（道長殿が、（庭を）ぶらぶら歩きなさって、ご従者をお呼びになって、庭の小川を掃除させなさる。）

＊「き」は**自分が直接体験**した過去、「けり」は**人から伝聞**した過去の事柄を表すことが多い。
＊「けり」が**和歌**や**会話文**・**心内文**の中に用いられる場合、「**なりけり**」の形をとる場合、「げに（＝なるほど）〜けり」「はやう（＝なんと）〜けり」のように**副詞と呼応関係**にある場合、詠嘆が多い。

□□□ **つ・ぬ**

❶完了（た・てしまった）
❷強意（きっと・確かに）

＊「連用形＋てむ（てん）・なむ（なん）・つべし・ぬべし」のように、「つ・ぬ」の下に「む（ん）・べし」などの**推量の助動詞**が付く場合、基本的に強意と判断すればよい。

例 黒き雲、にはかに出て来ぬ（完了）。風吹きぬ（強意）べし。（土佐日記）

□□□ **たり・り**

❶完了（た）
❷存続（ている・てある）

＊❶か❷かは、訳してみて、通りのよい方に決めよう。ただし、どちらで訳しても通じることもある。

＊「り」は**サ**変の**未**然形か**四**段の**已**然形（必ずエ段音）に付く。

□□□ **む（ん）・むず（んず）**

❶推量（だろう）
❷意志（しよう）
❸勧誘・適当（てはどうか・がよい）
❹婉曲・仮定（ような・としたら）

＊「**〜む（ん）と**」「**〜む（ん）とて**」の形をとる場合、意志が多い。

＊「む（ん）」が**体言に係る**か、「む（ん）」の下に**体言を補える**場合、婉曲・仮定。

例 思は**む**（体言に係る）子を法師になしたら**む**（下に「こと」が補える）こそ、心苦しけれ。（徒然草）
（愛する**ような**わが子を法師にしている**としたら**（法師にしている**よう**なことは）、気の毒である。）

□□□ **らむ（らん）**

❶現在推量（今頃〜ているだろう）
❷原因推量（どうして〜ているのだろう）
❸伝聞・婉曲（とかいう・ような）

＊現在目に見えていない事柄について推量する❶が基本。

＊❷は次の和歌で覚えておくとよい。

例 ひさかたの光のどけき春の日にしづ心なく花の散る**らむ**（古今和歌集）
（光のどかな春の日に**どうして**落ち着いた心もなく桜の花が散って**いるのだろう**）

□□□ **けむ（けん）**

❶過去推量（ただろう）
❷過去の伝聞・婉曲（たとかいう・たような）

＊❶が基本の意味用法。❷は下の体言に係るか、下に体言を補える場合。

☐☐☐ **べし**

❶推量（だろう・にちがいない）
❷意志（しよう・するつもりだ）
❸可能（できる）
❹当然（はずだ・べきだ・ねばならない）
❺命令（せよ）
❻適当（がよい）

*下に**打消語**を伴う場合、**可能**になりやすい（ただし可能以外の場合もある）。
***主観的**な考えの場合は**推量**、**客観的**に言える場合は**当然**とするのがよい。
*以下、入試でよく用いられる例文は、あらかじめ覚えておくとよい。

例 潮満ちぬ。風も吹きぬ**べし**。（土佐日記）
（潮が満ちた。風もきっと吹く**だろう**。）（→**推量**）

例 毎度ただ得失なく、この一矢に定む**べし**と思へ。（徒然草）
（毎回ひたすら成功と失敗を考えることなく、この一本の矢で決め**よう**と思え。）（→**意志**）

例 羽なければ、空をも飛ぶ**べから**ず。（方丈記）
（人は羽がないので、空を飛ぶことも**でき**ない。）（→**可能**）

例 木隠れて出づ**べき**月の出でもやらぬか。（平家物語）
（木に隠れて出る**はずの**月が出てこないなあ。）（→**当然**）

例 頼朝が首をはねて、わが墓の前に懸く**べし**。（平家物語）
（頼朝の首をはねて、私（＝平清盛）の墓の前にかけ**ろ**。）（→**命令**）

例 家の作りやうは、夏を旨とす**べし**。（徒然草）
（家の作り方は、夏を中心とするの**がよい**。）（→**適当**）

☐☐☐ **じ**

❶打消推量（ないだろう・まい）
❷打消意志（ないようにしよう・まい）

☐☐☐ **まじ**

❶打消推量（ないだろう・まい）
❷打消意志（ないつもりだ・まい）
❸不可能（できない）
❹打消当然（はずがない・べきでない）
❺禁止（するな）
❻不適当（しない方がよい）

*「じ」は「**む**」の打消、「まじ」は「べし」の打消にあたる。

☐☐☐ **なり**（**終止形・ラ変型活用語の連体形に付く**）

❶伝聞（そうだ・とかいう）

❷推定（ように聞こえる・ようだ）

＊**音声語**（自然と耳に入ってくる音）を伴う場合は**推定**、そうでない場合は**伝聞**と判断するとよい。

例　秋の野に人まつ虫の声す**なり**（古今和歌集）

（↓虫の鳴き声を伴っているので、**推定**）

＊**撥音便**に付く「なり」は必ず**伝聞・推定**（断定にはならない）。撥音の「ん」は無表記になることも多い。

例　信濃にあん**なる**木曽路川（平家物語）

（↓「ある」が「あん」と撥音便化している。この例文の場合は伝聞）

☐☐☐ **めり**

❶推定（ように見える・ようだ）

❷婉曲（ようだ）

＊❶は目で見て判断する場合、❷は断定を避けて言う場合だが、通常見分ける必要はない。

☐☐☐ **なり**（**体言・連体形**などに付く）

❶断定（である・だ）

❷存在（にある・にいる）

＊「**に（助詞）あり**」の形で、「**である**」と訳せる場合、その「に」は断定「**なり」の連用形**。ただし、「あり」は尊敬語の「おはす」「おはします」、丁寧語の「はべり」「さぶらふ」になることもある。

例　妻は丹波の国の者**に**てありければ、（今昔物語集）

（妻は丹波の国の者であったので、）（↓**断定**）

☐☐☐ **まし**

❶反実仮想（もしも〜だったら…だっただろうに）

❷ためらいの意志（しようかしら）

＊「〜ましかば…まし」「〜ませば…まし」「〜せば…まし」など、**仮定条件**を伴う場合、**反実仮想**。

＊仮定条件を伴わず、**疑問語**と呼応する場合、**ためらいの意志**。

例　法師にやなりな**まし**。（宇津保物語）（＝法師になってしまおうかしら。）

（↓「や」が疑問の係助詞なので、**ためらいの意志**）

助動詞接続別一覧表

未然形に付くもの

	系統	助動詞	未然形	連用形	終止形	連体形	已然形	命令形	意味	活用型
□□□	受身	る	れ	れ	る	るる	るれ	れよ	❶受身〈れる・られる〉❷尊敬〈なさる〉❸自発〈自然と〜される〉❹可能〈できる〉	下二段
□□□		らる	られ	られ	らる	らるる	らるれ	られよ		
□□□	使役	す	せ	せ	す	する	すれ	せよ	❶使役〈せる・させる〉❷尊敬〈なさる・お〜になる〉	下二段
□□□		さす	させ	させ	さす	さする	さすれ	させよ		
□□□		しむ	しめ	しめ	しむ	しむる	しむれ	しめよ		
□□□	打消系	ず	(ず) ざら	ず ざり	ず ○	ぬ ざる	ね ざれ	○ ざれ	打消〈ない〉	特殊
□□□		じ	○	○	じ	じ	じ	○	❶打消推量〈ないだろう〉❷打消意志〈まい〉	無変化
□□□	推量系	む (ん)	○	○	む (ん)	む (ん)	め	○	❶推量〈だろう〉❷意志〈しよう〉❸勧誘〈てはどうか〉・適当〈がよい〉❹婉曲〈ような〉・仮定〈としたら〉	四段
□□□		むず (んず)	○	○	むず (んず)	むずる (んずる)	むずれ (んずれ)	○		サ変
□□□		まし	ませ ましか	○	まし	まし	ましか	○	❶反実仮想〈もしも〜だったら…だっただろうに〉❷ためらいの意志〈しようかしら〉	特殊
□□□	希望	まほし	(まほしく) まほしから	まほしく まほしかり	まほし ○	まほしき まほしかる	まほしけれ ○	○	希望〈たい〉	形容詞

連用形に付くもの

	助動詞	未然形	連用形	終止形	連体形	已然形	命令形	意味	活用型
過去	き	(せ)	○	き	し	しか	○	過去〈た〉	特殊
	けり	(けら)	○	けり	ける	けれ	○	❶過去〈た・たそうだ〉❷詠嘆〈だなあ〉	ラ変
完了	つ	て	て	つ	つる	つれ	てよ	❶完了〈た・てしまった〉❷強意〈きっと・確かに〉	下二段
	ぬ	な	に	ぬ	ぬる	ぬれ	ね		ナ変
	たり	たら	たり	たり	たる	たれ	たれ	❶完了〈た〉❷存続〈ている・てある〉	ラ変
推量	けむ(けん)	○	○	けむ(けん)	けむ(けん)	けめ	○	❶過去推量〈ただろう〉❷過去の伝聞〈たとかいう〉・婉曲〈たような〉	四段
希望	たし	(たく) たから	たく たかり	たし ○	たき たかる	たけれ ○	○	希望〈たい〉	形容詞

終止形・ラ変型の連体形（ウ段の音）に付くもの（推量系）

	助動詞	未然形	連用形	終止形	連体形	已然形	命令形	意味	活用型
推量系	なり	○	○	なり	なる	なれ	○	❶伝聞〈そうだ〉❷推定〈ように聞こえる〉	ラ変
	めり	○	○	めり	める	めれ	○	❶推定〈ように見える〉❷婉曲〈ようだ〉	ラ変
	べし	(べく) べから	べく べかり	べし ○	べき べかる	べけれ ○	○	❶推量〈だろう〉❷意志〈しよう〉❸可能〈できる〉❹当然〈はずだ・べきだ〉❺命令〈せよ〉❻適当〈がよい〉	形容詞
	まじ	(まじく) まじから	まじく まじかり	まじ ○	まじき まじかる	まじけれ ○	○	❶打消推量〈ないだろう〉❷打消意志〈ないつもりだ〉❸不可能〈できない〉❹打消当然〈はずがない〉❺禁止〈するな〉❻不適当〈しない方がよい〉	形容詞

	助動詞	未然形	連用形	終止形	連体形	已然形	命令形	意味	活用型
	らむ（らん）	○	○	らむ（らん）	らむ（らん）	らめ	○	❶現在推量〈今頃～ているだろう〉❷原因推量〈どうして～ているのだろう〉❸伝聞〈とかいう〉・婉曲〈ような〉	四段
	らし	○	○	らし	らし	らし	○	推定〈らしい〉	無変化

連体形・体言に付くもの

	助動詞	未然形	連用形	終止形	連体形	已然形	命令形	意味	活用型
断定	なり	なら ○	なり に	なり ○	なる ○	なれ ○	なれ ○	❶断定〈である〉❷存在〈にある・にいる〉	形容動詞
断定	たり	たら ○	たり と	たり ○	たる ○	たれ ○	たれ ○	断定〈である〉 ＊体言のみに付く。連体形には付かない。	形容動詞
比況	ごとし	○	ごとく	ごとし	ごとき	○	○	❶比況〈ようだ〉❷例示〈など〉 ＊助詞「の」「が」にも付く。	形容詞

四段の已然形・サ変の未然形（工段の音）に付くもの（完了）

	助動詞	未然形	連用形	終止形	連体形	已然形	命令形	意味	活用型
完了	り	ら	り	り	る	れ	れ	❶完了〈た〉❷存続〈ている・てある〉	ラ変

主要な助詞の意味用法

助詞一覧表

格助詞	が・の・を・に・へ・と・から・より・にて・して
接続助詞	ば・とも・ど・ども・に・を・が・ものから・ものゆゑ・ものを・ものの（↑前後で主語が変わりやすい） て・で・して・つつ・ながら（↑前後で主語がほとんど変わらない）
係助詞	ぞ・なむ（なん）・や・か・こそ（↑係り結びを起こす） は・も（↑係り結びを起こさない）
副助詞	だに・すら（↑類推） さへ（↑添加） し（↑強意） のみ・ばかり・など・まで
終助詞	ばや・なむ・てしがな・にしがな・もがな・がな（↑願望） かな・かも・か・な・も・は（↑詠嘆） かし（↑念押し） そ・な（↑禁止）
間投助詞	や・を・よ（詠嘆・整調・呼びかけ）

格助詞「の」「が」の用法

＊⇩は訳し方。格助詞「が」は、①～④までの用法があるが、①の用法で使われることが多い。

①連体修飾格	⇩の	例月の都の人なり。（竹取物語） 柿本人麿が歌なり。（古今和歌集詞書）
②準体格	⇩の～（体言） ※体言は具体化	例今の主（あるじ）も、前のも、手取り交はして、（土佐日記） ＊「の」の下に体言を補える場合、準体格。例は、「の」の下に「主」を補える。
③主格	⇩が	例ただ食ひに食ふ音のしければ、（宇治拾遺物語）
④同格	⇩で	例夢にいと清げなる僧の、黄なる地の袈裟（けさ）着たるが来て、（更級日記） ＊「体言＋の＋…連体形」で、その連体形の下に「の」の上の体言を補える場合、同格。例は、「たる」（助動詞「たり」の連体形）の下に「僧」を補える。
⑤連用修飾格	⇩のように	例日暮るるほど、例の集まりぬ。（竹取物語）

接続助詞

＊⇩は訳し方。

順接仮定条件	未然形＋ば	⇩もし～ならば	例東風吹か**ば**匂ひおこせよ梅の花（古今和歌集）
順接確定条件	已然形＋ば	⇩①～ので　②～すると	例風吹け**ば**、え出で立たず。（土佐日記）
逆接仮定条件	終止形＋とも	⇩たとえ～としても	例用ありて行きたり**とも**、とく帰るべし。（徒然草）
逆接確定条件	已然形＋ど・ども	⇩～けれども	例風はいみじう吹け**ども**、いと暑し。（蜻蛉日記）
順接または逆接の確定条件	連体形＋に・を	⇩①～ので　②～すると　③～が	例寄りて見る**に**、筒の中光りたり。（竹取物語）
	連体形＋ものから・ものゆゑ	⇩①～けれども　（②～ので）	例雨降る**ものから**、行く。
	連体形＋ものを・ものの	⇩～けれども・～のに	例雨降る**ものを**、行く。
単純接続	連用形＋て・して	⇩～て	例歌を書き**て**やる。（伊勢物語）
打消接続	未然形＋で	⇩～ないで	例寝もせ**で**夜を明かして、（伊勢物語）
反復・並行	連用形＋つつ	⇩～しては・～しながら	例竹を取り**つつ**、万の事に使ひけり。（竹取物語）
並行・逆接	連用形＋ながら	⇩～しながら・～けれども	例食ひ**ながら**文をも読みけり。（徒然草）

係り結びの法則

＊⇩は訳し方。

係助詞	文法的意味	文末の語	備考
ぞ なむ（なん）	強意（訳さない）	連体形。	＊強意の「ぞ」「なむ（なん）」は特に訳さないのが普通。
や か	①疑問⇩～（だろう）か ②反語⇩～（だろう）か、いや～ない	連体形。	＊「や」「か」の下に強調の助詞「は」が付いて、「**やは**」「**かは**」となると、ほとんどは反語の用法になる。 例我はさ**やは**思ふ。（徒然草）（私はそう思うか、いやそうは思わない。）
こそ	強意（訳さない）	已然形。	＊強意の「こそ」は特に訳さないのが普通。

結びの省略

＊係り結びの「結びの語」が省略されること。補充問題で出やすい。以下は覚えておく。⇩は訳し方。

～にや（あらむ） ～にか（あらむ）	⇩～であろうか	「や・か（疑問）→む（推量・連体形）」で係り結び。 例木立いとよしあるは、何人の住む**にか**。（源氏物語）
～にこそ（あらめ）	⇩～であろう	「こそ（強意）→め（推量・已然形）」で係り結び。
～とぞ（いふ） ～となむ（いふ）	⇩～ということだ	「ぞ・なむ（強意）→いふ（四段・連体形）」で係り結び。

副助詞

だに	①類推（～でさえ） ②希望の最小限（せめて～だけでも）	例善人**だに**こそ往生すれ。まして悪人は。（歎異抄） 例声を**だに**聞かせ給へ。（源氏物語）
さへ	添加（その上～までも）	例雨風降りふぶきて、神（＝雷）**さへ**鳴りて（更級日記）
し	強意（特に訳さないことが多い）	例大空の月の光**し**清ければ（古今和歌集）

終助詞

ばや	自己の願望（～たい）	例ほととぎすの声、尋ねに行か**ばや**。（枕草子）
なむ	他者への願望（～てほしい）	例いつしか梅咲か**なむ**。（更級日記）
がな	願望（～たいなあ・～たらいいのになあ） ＊「**てしがな**・**にしがな**・**もがな**」も同じ。	例いかでこのかぐや姫を得**てしがな**。（竹取物語） 例心あらん友**もがな**。（徒然草）
かな	詠嘆（～だなあ）	例限りなく遠くも来にける**かな**。（伊勢物語）
かし	念押し（～よ・～ね）	例これは知りたることぞ**かし**。（枕草子）
そ	禁止（副詞「**な**」と呼応し、～するな）	例かかることな言ひ**そ**。（宇治拾遺物語）

識別問題へのアプローチ

る・れ

①未然形＋る・れ　→受身・尊敬・自発・可能の助動詞「る」

②サ変の未然形「せ」
四段の已然形　　　｝＋る・れ　→完了・存続の助動詞「り」

③その他＋る・れ→何か活用語の一部

例

①かの大納言、いづれの舟にか乗らるべき。（大鏡）

＊ここでは尊敬の用法。助動詞「る」は必ずア段音に付く。

②ただ有明の月ぞ残れる（千載和歌集）

＊「ぞ→る」の係り結びで、「り」の連体形。助動詞「り」は必ずエ段音に付く。

③色こそ見えね香やは隠るる（古今和歌集）

＊動詞の一部。「隠るる」で下二段動詞「隠る」の連体形。

ぬ・ね

①未然形＋ぬ・ね→打消の助動詞「ず」

②連用形＋ぬ・ね→完了の助動詞「ぬ」

③死・往（い）＋ぬ・ね→ナ変動詞「死ぬ」「往ぬ」の活用語尾

例

①夢にも人に会はぬなりけり（伊勢物語）

②黒き雲、にはかに出で来（き）ぬ。（土佐日記）

③あはれ今年の秋も往ぬめり（千載和歌集）

なむ

①未然形＋なむ→願望の終助詞「なむ」（～てほしい）
②連用形＋なむ→完了（強意）の助動詞「ぬ」の未然形＋推量の助動詞「む」（きっと～だろう）
③その他＋なむ→強意の係助詞「なむ」（特に訳さない）
④死・往＋なむ→ナ変動詞「死ぬ」「往ぬ」の未然形活用語尾＋推量の助動詞「む」

例
①いつしか梅咲かなむ。（更級日記）
②盛りにならば、髪もいみじく長くなりなむ。（更級日記）
③柿本人麻呂なむ、歌の聖なりける。（古今和歌集仮名序）
④願はくは花の下にて春死なむ（山家集）

なり

①終止形・ラ変型の連体形＋なり→伝聞・推定の助動詞「なり」（～そうだ・～ようだ）
②体言・連体形など＋なり→断定の助動詞「なり」（～である）
③連用形など＋なり→四段動詞「なる」の連用形
④様子・心情などを表す語＋なり→形容動詞の活用語尾

例
①男もすなる日記といふものを、（土佐日記）
②女もしてみむとて、するなり。（土佐日記）
③翁、竹を取ること久しくなりぬ。（竹取物語）
＊動詞の「なる」は、連用形か、あるいは具体的には「～く」「～に」「～と」「～ず」の形に付く。
④いみじくあはれなりと聞く。（更級日記）

に

①**体言＋に→格助詞「に」**
②**連体形＋に、…→接続助詞「に」**
　a 順接・単純接続（～ので・～すると・～たところ）
　b 逆接（～けれども・～が）
③**体言・連体形など**＋に（＋助詞＋あり）→**断定の助動詞「なり」の連用形**
④**連用形**＋に（＋き・けり・たり・けむ）→**完了の助動詞「ぬ」の連用形**
⑤**死・往（い）**＋に→**ナ変動詞「死ぬ」「往ぬ」の連用形活用語尾**
⑥**様子・心情などを表す語**＋に→**形容動詞の連用形活用語尾**
⑦**その他**＋に→**副詞の一部**

例

①行き行きて、駿河の国**に**至りぬ。（伊勢物語）
②あやしがりて寄りて見る**に**、筒の中光りたり。（竹取物語）
③おのが身はこの国の人**に**もあらず。（竹取物語）
＊「に＋（助詞）＋あり」の形をとり、「である」と訳せて、その「で」に当たる「に」が断定の助動詞である。「あり」は、尊敬語の「おはす」「おはします」や丁寧語の「はべり」「さぶらふ」になる場合がある。
④その人、ほどなく失せ**に**けり。（徒然草）
⑤さし寄りて、据ゑ直して往**に**ければ、（徒然草）
⑥日ことにうららか**に**て、（撰集抄）
＊形容動詞「うららかなり」の連用形「うららかに」の活用語尾。
⑦つひ**に**本意のごとく会ひにけり。（伊勢物語）

らむ

①終止形・ラ変型の連体形＋らむ→現在推量の助動詞「らむ」
②サ変の未然形・四段の已然形＋らむ→完了・存続の助動詞「り」の未然形＋推量の助動詞「む」
③その他＋らむ→何か活用語の未然形活用語尾＋推量の助動詞「む」

例
①憶良らは今はまからむ子泣く**らむ**（万葉集）
②生け**らむ**ほどは武に誇るべからず。（徒然草）
＊この「生け」は四段活用の已然形。
③恋しか**らむ**折々、取り出でて見給へ。（竹取物語）
＊形容詞「恋し」の未然形「恋しから」の一部＋推量の助動詞「む」。

し

①サ変動詞「す」の連用形
②連用形＋し→過去の助動詞「き」の連体形（〜た）
③強意の副助詞「し」（特に訳さない）

例
①物語など**し**て、（枕草子）
②京より下り**し**時に、（土佐日記）
③月の光**し**清ければ（古今和歌集）
＊省いても文意が通じる「し」。

敬語一覧表

尊敬語（本動詞）

通常語	尊敬体	強い尊敬体	訳語
あり・行く・来(く)	おはす ます・います いますかり	おはします まします	いらっしゃる
言ふ	のたまふ 仰(おほ)す	のたまはす 仰せらる	おっしゃる
聞く	（聞こす）	聞こし召す	お聞きになる
思ふ	思(おぼ)す・思(おも)ほす	思(おぼ)し召す	お思いになる
見る	（見給ふ）	御覧ず	ご覧になる
与ふ・取らす	給(たま)(賜(たま))ふ たぶ・たうぶ	給(賜)はす	お与えになる・下さる
寝(ぬ)	（寝給ふ）	大殿籠(おほとのごも)る	お休みになる
知る	（知ろす）	知ろし召す	ご存知である・お治めになる
呼ぶ・食ふ・ 着る・乗る　等	召(め)す ※「参る・奉る」の尊敬用法＝ 「食ふ・着る・乗る」の尊敬		お呼びになる・召し上がる・ お召しになる・お乗りになる　等
す・行ふ	あそばす		なさる
遣(や)る	つかはす		派遣なさる

補助動詞（尊敬語・謙譲語・丁寧語）

種類	補助動詞	訳語
尊敬語	給ふ(四段) たぶ たうぶ おはす おはします ます います まします いますかり	〜なさる お〜になる 〜ていらっしゃる 〜てくださる
謙譲語	奉る 参らす 申す 聞こゆ 聞こえさす 給ふ(下二段)	〜申し上げる お〜する 〜して差し上げる 〜致す
丁寧語	侍り 候ふ	〜ます 〜です 〜でございます

謙譲語（本動詞）

通常語	謙譲体	強い謙譲体	訳語
あり・をり	侍り・候ふ		お仕えする・お控えする
行く・来	参る・詣づ		参上（参詣）する
退く・出づ	罷る・罷づ		退出する
言ふ	聞こゆ・申す	聞こえさす 奏す（帝に） 啓す（中宮に）	申し上げる
聞く 受く	承る		お聞きする お受けする
思ふ	存ず		存じ上げる
与ふ・取らす	奉る	参らす	差し上げる・献上する
もらふ・受く	給（賜）はる		いただく
仕ふ す 詠む	仕（う）まつる		お仕えする 致す 歌をお詠みする

丁寧語（本動詞）

通常語	丁寧体	訳語
あり・をり	侍り・候ふ	います・おります・あります・ございます

誰から誰への敬意か

①誰からの敬意か

- **地の文**では作者から
- **会話文**では話し手から

②誰への敬意か

- **尊敬語**＝動作主（～ガ・ハにあたる人物）へ
- **謙譲語**＝動作の受け手（～ニ・ヲ・ヘ・カラにあたる人物）へ
- **丁寧語**＝聞き手へ（会話文の場合）／読者へ（地の文の場合）

＊話し手・聞き手・動作主・動作の受け手は具体的な人名で答えること。

和歌へのアプローチ

□□□ 枕詞（まくらことば）

特定の語に係る、固定的でイメージ的な修飾句。通常五音で、多くは初句に置かれる（**第三句**に置かれる場合もある）。枕詞自体は訳さなくてよいものが多い。

例

あをによし**奈良**の都は咲く花のにほふがごとく今盛り（さか）なり（万葉集）

ちはやぶる**神代**（かみよ）も聞かず竜田川（たつた）韓紅（からくれなゐ）に水くくるとは（古今和歌集）

ひさかたの**光**のどけき春の日にしづ心なく花の散るらむ（古今和歌集）

いとせめて恋しき時はむばたまの**夜**の衣を返してぞ着る（古今和歌集）

〈その他〉あしひきの↓山・峰　あづさゆみ↓引く・張る・射る　からころも↓着る・裁（た）つ

くさまくら↓旅　たらちねの↓母・親　とりがなく↓東（あづま）

□□□ 序詞（じょことば）

具体的な自然描写で、**意味**または**音**のつながりによって**ある語を導き出す**修飾句。七音以上で、多くは二句以上になる（枕詞を長めにしたものと考えればよい）。

❶**比喩**的につながるもの（「〜の」の形をとる）

例

あしひきの山鳥の尾のしだり尾の**長々し**夜を一人かも寝む（拾遺和歌集）

（訳＝山鳥の尾の長く垂れ下がった尾のように、長い夜を一人で寝るのだろうか。）

❷**同じ音**でつながるもの

例

駿河（するが）なる宇津（うつ）の山辺の**現**（うつつ）にも夢にも人に会はぬなりけり（伊勢物語）

（訳＝駿河の国（＝今の静岡県中部）にある宇津山の山辺の、その「うつ」ではないが、現実（うつつ）にも夢にもあの人に会わないなあ。）

❸**掛詞**でつながるもの（掛詞の直前までが序詞）

例

風吹けば沖つ白波たつ田山夜半(よは)にや君が一人越(こ)ゆらむ（古今和歌集）

（訳＝風が吹くと沖の白波が立つ、その「たつ」ではないが、竜田山（＝今の奈良県北西部にある山）を夜中にあなたが一人で越えているのだろうか。）（「たつ」は「立つ」と「竜」の掛詞）

☐☐☐

掛詞（かけことば）

一つの語に二つ（または二つ以上）の異なる意味を持たせる言葉。自然（景）と人間（情）の意味に分かれることが多い。

例

山里は冬ぞ寂しさまさりける人目も草もかれ（枯れ／離れ）ぬと思へば（古今和歌集）

（訳＝山里は冬こそ寂しさが一段とまさるのだなあ。人の訪れも途絶えてしまい、草も枯れてしまうと思うと。）

たち別れいなば（因幡／往なば）の山の峰に生(お)ふるまつ（松／待つ）とし聞かば今帰り来む（古今和歌集）

（訳＝あなたと別れて国司として因幡の国（＝今の鳥取県東部）に行ってしまっても、因幡の山（稲羽山）の峰に生える松の、その「まつ」ではないが、あなたが私の帰りを待っていると聞いたならば、すぐにでも帰って来よう。）

〈その他〉あき→秋・飽き　あま→天・尼・海人　あらし→嵐・有らじ

いく→生野・生田・行く　うき→浮き・憂き　すむ→澄む・住む

ながめ→長雨・眺め・詠め　なく→無く・泣く　なみ（だ）→波・無み・涙

ふみ→踏み・文　ふる→降る・経る・古る　よ→節(よ)・夜・世（代）

縁語（えんご）

多くは**自然描写**の語で、**意味的に関連する**二つ以上の語群。掛詞と併用されることも多い。歌の言いたいこととは直接関係しないのが普通。

例

今朝はしも起きけむ方も知らざりつ思ひ出づるぞ消えて悲しき（古今和歌集）
（霜・置き・日・消え）

（「**霜・置き・日・消え**」が縁語）

（訳＝今朝はどのようにして起きたかも分からなかった。でも（恋人の女性宅から帰った時のことを）思い出すと（命も）消え失せるほどに悲しいことだ。）

〈その他〉**海**・浦・波・海松布（みるめ）（＝ワカメ）・澪標（みをつくし）（＝水路標識）・寄る
火・煙・立つ・燃ゆ・焦（こ）がる・消ゆ　**露**・葉・置く・消ゆ
霞（かすみ）・立つ・なびく　**衣**・袖・袂（たもと）・褄（つま）・着る・張る・裁（た）つ・萎（な）る

隠し題・物名（もののな）

何らかの**事物の名称**を、歌の内容とは直接関係なく、**ひそかに詠み込む**こと。掛詞の一種である。

例

故郷（ふるさと）の旅寝（たびね）の夢に見えつるは恨みやすらむまたと問（と）はねば（大和物語）

（訳＝故郷のいとしい人々が日根（ひね）（＝今の大阪府泉佐野市日根野）での旅寝の夢に現れたのは、私を恨んでいるからであろうか。なにしろ旅に出てから一度も安否を尋ねていないので。）（「日根といふことを詠め」と命じられて、詠んだ歌。「旅寝（たびね）」の「びね」に、地名の「日根」を隠して詠んでいる）

「AをBみ」の構文

和歌でのみ使われる**原因理由**を表す語法。「**AがBので**」の意。Bには形容詞の語幹が入る。入試では「を」と「み」が空欄補充問題にもなる。

例

和歌の浦に潮（しほ）満ち来れば潟（かた）を無（な）み葦辺（あしへ）をさして鶴（たづ）鳴き渡る（万葉集）

（訳＝和歌の浦（＝今の和歌山市にある入江）に潮が満ちて来ると、もう干潟が無いので、葦の生えている岸辺に向かって鶴が鳴きながら渡って行くことよ。)

本歌取り

古歌の一節(一句または二句)を巧みに取り入れながら、**新たな趣向の歌を作る**こと。

例

〈本歌〉**心あらむ人に見せばや津の国の難波わたりの春のけしきを**(後拾遺和歌集)

(訳=情趣を解するような人に見せたいものだ。摂津の国の難波(=今の大阪市を中心とした一帯)あたりの春の景色を。)

〈新歌〉**津の国の難波の春は夢なれや葦の枯葉に風渡るなり**(新古今和歌集)

(訳=摂津の国の難波の、歌に詠まれたあのすばらしい春の景色は、はかない夢だったのか。今では葦の枯葉に冷たい風が吹き渡っているようだ。)(本歌に詠まれた難波の春の美しい景色を夢かと見なし、今では冬枯れの荒涼とした景色に見ている)

引き歌

古歌の一節(特に自然描写の語句)を、**文章や会話の中に引用する**ことによって、**古歌全体の内容や言いたいことを暗示する**こと。本歌取りとは区別する。

例

女、「みづからが行方は高間の山」とぞ申しける。(ささやき竹〈室町時代の物語〉)

(貴人に見初められた女性が素性を問われて答えた言葉。「高間の山」(=奈良の金剛山の別名)とは、実は以下の古歌をふまえる)

よそにのみ見てや止みなむ葛城の高間の山の峰の白雲(和漢朗詠集〈平安時代中期の詩歌集〉)

(女性は「高間の山」という言葉を引用することによって、波線部の内容、すなわち「**遠くから見るだけで終わってしまうのだろうか(所詮結ばれることのない恋です。あきらめてください)**」という内容を、貴人に暗に伝えようとした)

☑☑☑

当意即妙の機知

その場にふさわしい機転や知恵を、即座かつ絶妙に利かせること。和歌の評価ポイントの一つ。

例

大江山いく野の道の遠ければまだふみも見ず天の橋立（金葉和歌集）

（訳＝大江山を越え、さらに生野を通って行く道のりが遠いので、私はまだ天の橋立を踏んでもいないし、母からの手紙も見たことはありません。）

小式部内侍という若い女性が、歌合の歌人に選ばれたとき、藤原定頼から「丹後にいる母に歌の代作を頼んでいるのではないか」とからかわれたが、即座に巧みな掛詞を用いた和歌で応答し、定頼をやりこめた（「いく野」が「生野」と「行く」、「ふみ」が「踏み」と「文」の掛詞）。当意即妙の機知を発揮した好例。

☑☑☑

和歌の解釈の手順

❶が最優先。❷〜❺は総合的に行う。

❶句切れの有無を確かめる。句切れは通常、次の三パターン。句切れなしの場合もある。

a　**終止形**や**命令形**で切れる。

b　**終助詞**で切れる。

c　**係り結びの結び部分**で切れる。

❷和歌の修辞法（**枕詞**・**序詞**・**掛詞**・**縁語**など）の有無を確かめる。

❸和歌が詠まれた経緯に留意し、それと重ねるように和歌を解釈する。

❹逐語訳に詠み手の心情を補足する。

❺選択肢がヒントになる。和歌の解釈には選択肢の賢い利用が大事。

第三部

満点のコツ&活用トレーニング

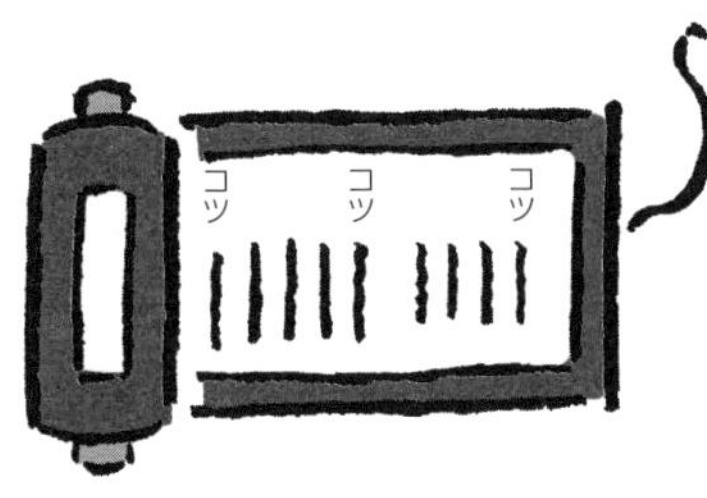

キーワードは「解釈」

共通テスト古文で、**満点が取れる条件**を最初に示しておきましょう。それは、どの設問においても、**「必要な箇所を正しく解釈すること」**です（自力だけでなく、選択肢を頼りに解釈できれば十分です）。本文全体でなく、解答の根拠となる必要な箇所だけ正しく解釈できれば、理屈上、正解は得られるはずです。共通テストは本格的な読解力が求められる試験ですので、**小手先のテクニックに頼らず、正攻法で解釈力を磨いていくのが大切です**。当然のことながら、そのためには単語や文法の一定程度の習得は必要です。それができれば、あとは解釈のコツをいくつか紹介していきますので、それを意識したうえで、過去問演習をしていけばよいでしょう。

解釈力をつけるには、今後も出題が予想される**問1の解釈問題に習熟する**のがよいやり方です。**問2**以降も、解釈問題の延長あるいは応用の問題と考えて差しつかえありません（**問1**の解き方が**問2**以降の解き方のベースになります）。そこで最初に注意したいのが、**「解釈」とはどういうことか**、です。実は必ずしも明確でない概念です。例えば、「傍線部を解釈せよ」と問われても、訳せばいいのか、説明すればいいのか、受験生はおそらく迷うので、少なくとも個別の大学の記述式試験では解釈問題はほぼ出ていないと思います。しかし、共通テストでは、センター試験時代も含めて、解釈の問題が**問1**を中心にずっと出ています。そこで、まず解釈の定義を考えましょう。私も正直うまく言えない概念ですが、辞書的な意味で言えば、「語句や文章などの意味を解き明かすこと、またその意味」くらいでしょう。共通テストにおける「解釈」も、「**意味**」と言い換えてほぼ差しつかえないと思います。みなさんの中には、「解釈は現代語訳と同じ」と考えている人が多いのではないかと思いますが、そう単純な話ではありません。次に一例を挙げてみましょう。『徒然草』の第二十一段にこんな一文があります。

<u>月ばかりおもしろきもの</u>はあらじ。

この傍線部を現代語訳せよ、と問われたら、どう訳しますか。ここでは、「おもしろき」は「趣深い」と訳すとします（**古文単語へのアプローチ** 67 **おもしろし**）。「じ」は打消推量の助動詞です。次に二通り示しました。

①月ほど趣深いものはあるまい（ないだろう）（↑逐語訳）
②月が何よりも一番趣深いだろう（↑意訳）

ところで、大学入試の現代語訳問題では、出題者・指導者・受験生の間に、次のようなコンセンサスがある程度存在すると思います。

- **逐語訳する**（単語・文法を正しく踏まえて一語一語訳出する）
- **不必要に意訳を行わない**

したがって、現代語訳問題では、①のように逐語訳するのが普通で、もちろんそれで正解です。②は不必要な意訳とみなされて減点されるかもしれません。

では、この傍線部の**解釈**としてはどうでしょうか。結論的に言うと、①と②のどちらでも正解です。**解釈とは意味を捉えることを言うので、文法（形）にとらわれる必要はありません**。したがって、①と②は同じ意味なので、解釈としてはどちらでもいいことになります。さらに言えば、**解釈はわかりやすさを含む概念だ**と思いますので、解釈としては①よりも②の方がよりふさわしいとさえ言えるでしょう。そんなわけで、現代語訳は逐語訳を旨とするのに対し、**解釈は逐語訳だけでなく、わかりやすい意訳も含む**、くらいに考えておきましょう。ですから、**解釈問題では、逐語訳→意訳への言い換え対応に注意が必要です**。解釈力とは、本文の意味を正確に把握するだけでなく、適切に言い換える能力も含みます。そして、その能力が正解選択肢を選ぶ武器になるのです。

ちなみに、この傍線部の**説明**としてはどうでしょうか。説明問題では、文脈に応じて他の要素も適宜盛り込んで答えますが、この一文では特に他の要素がないので、②の末尾に「ということ。」を付けたら、それで説明になります。したがって、正しく解釈することが、正しく説明することの前提になると思ってください。どの設問においても解釈力が必要です。すごいテクニックはありません。

設問別攻略法

次に、**設問別の攻略法・コツ**について述べたいと思います。傍線部のある問題と傍線部のない問題に大別できます。傍線部のある問題は、解釈問題、語句や表現に関する説明問題、内容や理由の説明問題などです。

● **傍線部の解釈問題**では、次の三点に注意しましょう。

①傍線部は「**単語の語義＋前後の文脈**」の二つの観点から考える。
②傍線部の構文分析をし、文脈を**意味**からだけでなく、**構造（SVOCなど）**からも捉える。
③まずは**逐語訳**を行い、**意訳**への切り替え（**言い換え**）に留意する。

● **傍線部の説明問題**では、次の三点に注意しましょう。

①解答の根拠の箇所を押さえる。**傍線部自体**に加えて、**傍線部の直前・直後**が根拠になる場合が多いが、そこに根拠がないか不足していると思えば、**さらにその前**や**さらにその後ろ**にまで範囲（視野）を広げて探すこと。
②各選択肢を最大限ヒントにしながら、**根拠の箇所をできるだけ正確に解釈する。**
③選択肢が正しい解釈に基づく説明になっているかどうか、チェックする。頭の中で○×を付けて、正解を判断する。その際、**言い換え**に注意する。正解選択肢は後ろの文脈にうまくつながるので、その点もチェックする。

解釈問題も説明問題も、①・②には一定程度の単語や文法の知識が必要です（コツを知るだけでは駄目です）。③には言い換え表現への対応力が必要です。単語と文法の力を土台にした正確な解釈力が求められます。一方、傍線部のない問題は、ある段落内の内容合致問題や、本文全体の内容合致問題になることが多いと思います。

● **傍線部のない問題**の解き方の手順は次の通りです。

①**選択肢の語句や内容**を手がかりに、**本文の該当箇所**を探して把握する。本文の俯瞰（ふかん）能力（見渡す力）が必要。
②各選択肢を最大限ヒントにしながら、**根拠の箇所をできるだけ正確に解釈する。**
③選択肢が正しい解釈に基づく説明になっているかどうか、チェックする。頭の中で○×を付けて、正解を判断

一する。その際、**言い換え**に注意する。

共通テストでは、傍線部のない問題が意図的に多く出題される可能性がありますが、こちらの場合も、当然のことながら、単語と文法の力を土台にした正確な解釈力が必要です。

満点のコツとは

あらかじめ例えば十個のコツとかテクニックがあって、それを身につけたら、どの文章の問題も解ける、ということはありません。確かに問題を解くためのコツ（ちょっとした要領）は存在しますが、正解への方程式は存在しません。**コツは個々の問題文や設問によって常に変わってきます**。到底、数えられるようなものではありません。そこは甘い幻想を持つべきでないと思います。共通テストは受験生の**総体的な実力**を試してきます。

とはいえ、演習に入る前に、**古文の読み方や解き方のコツ**を紹介しておきます。一つ一つ数え出したらキリがないですが、くり返して強調しておきたい「**満点のコツ**」は次の**七つ**です。番号は振りましたが、別に順番はありません。このあとの問題演習を通じて実戦的に学んで体得しましょう。

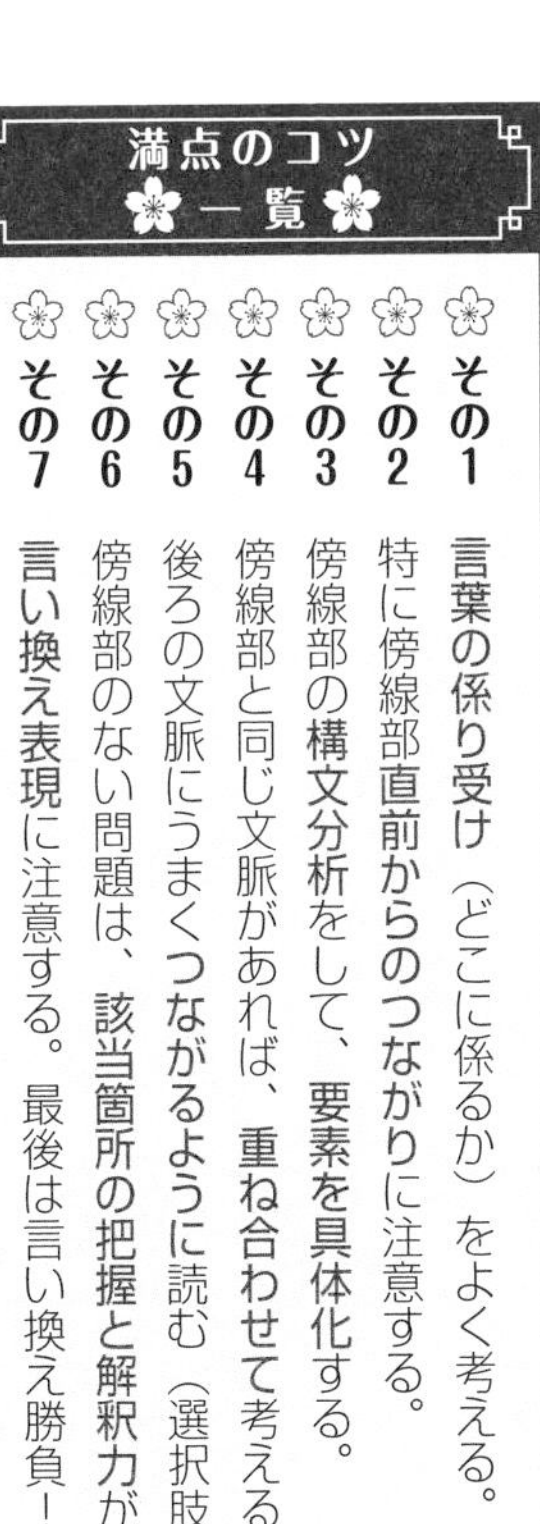

満点のコツ 一覧

- **その1** **言葉の係り受け**（どこに係るか）をよく考える。
- **その2** 特に傍線部**直前からのつながり**に注意する。
- **その3** 傍線部の**構文分析**をして、**要素を具体化**する。
- **その4** 傍線部と同じ文脈があれば、**重ね合わせて**考える。
- **その5** 後ろの文脈に**うまくつながるように**読む（選択肢を選ぶ）。
- **その6** 傍線部のない問題は、**該当箇所の把握と解釈力**が決め手になる。
- **その7** **言い換え表現**に注意する。最後は言い換え勝負！

一問一答トレーニング

では、次に単問演習を通じて、正確な解釈力を高めていきましょう。以下、過去問（[共]=共通テスト、[セ]=センター試験、改=改変あり）の**問1**の解釈問題や**問2**以降の説明問題を中心に、オリジナルの解釈問題（=[オ]）も含めて取り組んでもらいます。解釈問題に強くなれば、説明問題にもうまく対応できるようになります（説明問題は解釈問題の延長・応用に過ぎません）。共通テストでは思考力重視の出題がされるので、**単に訳語を覚えておけば正解できるという問題は出にくい**と思います。以下の問題は、どれも**思考力の試されるもの**ばかりを集めました。

問題1

傍線部の解釈として最も適当なものを、次の①〜⑤のうちから一つ選べ。（『枕草子』[オ]）

<u>あはれなる</u>もの、孝ある人の子。

① 趣深い
② 悲しい
③ みじめな
④ かわいい
⑤ 感心な

1　**あはれなり**〔形容動詞〕
❶心打たれる
❷悲しい・かわいそうだ
❸いとしい・恋しい
❹趣深い・風情が感じられる

「**あはれなり**」は最重要古語の一つで、文脈判断が重要な語です。第一部のQ&A17（P14）でも説明をしましたが、もう一度くり返します。❶の「**心打たれる**」がかなり幅広く当たる訳語ですが、それ以外にも、やはり文脈に応じて適訳を考えましょう。現代語の「あわれだ」はほぼ❷の意味に限定されますが、古語では❶〜❹まで幅広く意味します。では、ここではどうでしょうか。すると、「孝」は「親孝行」のことなので、「心打たれるものは、親孝行な子。」と解釈できるところですが、親孝行な子を見ると、誰でも感心するでしょう。したがって、この場合の「心打たれる」は「感心な」と意味を絞るのが最適です。「感心だ」という訳語は「**１あはれなり**」の語義に載せていませんが、「心打たれる」の文脈に即した意訳として、⑤の「**感心な**」が正解です。親孝行な子を「**趣深い**」（＝風情や味わいが感じられるさま）とは言いませんし、「**かわいい**」かどうかはわかりません。「**悲しい**」や「**みじめな**」は、文脈に全然合いません。

《通釈》感心なものは、親孝行な子。

補問 次のような問題も出ています。解いてみてください。冷泉帝は、実の父である光源氏が臣下として自分に仕えていることに対して苦悩します。（『源氏物語』㊈）

かくただ人にて世に仕へ給ふもあはれにかたじけなかりけること、かたがた思し悩みて、

① 身にしみて畏れ多いこと　② 情けないほど恥ずかしいこと　③ まことに申しわけないこと
④ 何とも面目ないこと　⑤ しみじみと悲しいこと

⇩「あはれなり」と「かたじけなし」の語義を二つとも正しく踏まえた選択肢は①だけで、①が正解です。「**身にしみて**」は「あはれなり」の語義をよく伝えています。

問題2

傍線部の解釈として最も適当なものを、次の①～⑤のうちから一つ選べ。（『ねさめの記』[セ]改）

（田舎出身の言葉の訛（なま）った稚児が『源氏物語』の一節を読む場面。）

ある時、ちご・法師など集まりて、源氏を取り出（い）でて読みけり。折しも、若紫の巻を読みてもてあつかふ。（中略）をかしきことは多けれど、念じて聞きけるに、かの教へしところを、いと知り顔に、確かに、「（注）縁なる足駄（あしだ）」と読みけるに、たへかねて一座どよみ笑ふ。

（注）縁なる足駄――「艶（えん）なる朝（あした）」と読むべきところ。「足駄」は下駄（げた）のような履物。

① 風流なことは多いけれど
② 興味深いことは多いけれど
③ 不愉快なことは多いけれど
④ 感動的なことは多いけれど
⑤ 笑いたくなるようなことは多いけれど

「をかし」は、「**あはれなり**」と並ぶ最重要古語の一つです。

2 **をかし**〔形容詞〕
❶おもしろい
❷滑稽だ
❸かわいい・美しい
❹趣がある・風情がある

Q&A18（P14）でも説明したように、「をかし」は、良くも悪くも笑いのイメージの強い語です。ここでは、

132 ねんず（念ず）〔動詞〕 ❶**我慢する・こらえる** ❷**祈る**

も押さえて考えましょう。すると、言葉の訛(なま)った稚児が読むのだから、傍線部以下は、滑稽なことが多いけれども、人々は我慢して聞いていたところ、「艶(えん)なる朝(あした)」（＝色めかしい朝）と読むべきところを、稚児は「縁(えん)なる足駄(あしだ)」（＝縁側にある下駄）と読んだので、一同、我慢できなくなって笑い出してしまった、と解釈できるでしょう。「たへかねて一座どよみ笑ふ」がヒントになり、傍線部の「をかしき」は「滑稽な」と解釈できます。それの言い換えは、⑤の「**笑いたくなるような**」です（P75 **満点のコツその7 言い換えに注意**）。よって、正解は⑤となります。①の「**風流な**」は文脈にまったく合いません。②の「**興味深い**」は、「おもしろい」と同様の意味ですが、これは肯定的な意味なので、否定的な意味の傍線部には合いません。③や④は「をかし」の語義に合っていません。

《通釈》あるとき、稚児や法師などが集まって、『源氏物語』を取り出して読んだ。ちょうどそのとき、若紫の巻を読んでいて（誰が読むのか）もてあます。（田舎出身の言葉の訛(なま)った稚児が読むと、）笑いたくなるようなことが多いけれど、（人々は）我慢して聞いていたところ、あの教えた箇所を、（その稚児が）とても知ったかぶりの顔で、確かに、「縁なる足駄」と読んだので、こらえかねて同席の人たちは皆、大声を上げて笑う。

補問 次の『枕草子』の一節の「をかしげなる」の意味を答えてください。オリジナル問題です。

―― **をかしげなる**児(ちご)の、あからさまに抱きて、遊ばしうつくしむほどに、かいつきて寝たる、いとらうたし。 ――

⇩「をかしげなる」が「児」に係っていることに注意してください。この「児」は「幼児」の意なので、「かわいらしい」と解釈するのが妥当です。

問題3

次の文章は『栄花物語』の一節である。あまりにも華美であった皇太后藤原妍子の年始の大饗（正月に行われる宴会）を、兄の関白藤原頼通がとがめる場面から始まっている。傍線部の解釈として最も適当なものを、次の①～⑤のうちから一つ選べ。（『栄花物語』㊦）

関白殿うちに入らせ給ひて、御前（＝皇太后）に申させ給ふ。「今日の事、すべていと殊の外にけしからずせさせ給へり。この年ごろ世の中いとかう<u>いみじう</u>なりにて侍る。また一年の（注）御堂の会の御方がたの女房のなりどもなどぞ、世に珍らかなる事どもに侍りしかど、それは夏なれば事限りありて術なかりけり。なでふ人の衣か、二十着たるやう候ふ。さらにさらにいとけしからずおはします。（後略）」

（注）御堂の会――法成寺金堂落成供養の法会をさす。

① 目新しげに
② ぜいたくに
③ ひかえめに
④ 風変わりに
⑤ 風雅に

3 いみじ〔形容詞〕
❶甚だしい・たいそう～
❷すばらしい・うれしい
❸ひどい・悲しい

「いみじ」は、〈甚だしい・プラス・マイナス〉の文脈判断が重要な語です。右に挙げた❶～❸の訳語は、あくまで代表的なものに過ぎません。文脈に応じて柔軟に考えましょう。ここでは、リード文をしっかり押さえましょう。すると、「**あまりにも華美であった**」皇太后の宴会を、兄の関白がとがめる場面なので、**マイナスの意味**だと見当がつきます。すると、「この年ごろ世の中いとかういみじうなりにて侍る」は、「この数年来、世の中（＝宮廷社会）はたいそうこのようにひどくなっています」と逐語訳できるでしょう。リード文を参照すれば、この「ひどく」は「華美に」と具体化できます。この「華美」は、「派手」と同じような意味で、決していい意味ではないことに注意してください。「華美に」の言い換えとしては②の「ぜいたくに」が該当します（P75 **満点のコツその7 言い換えに注意**）。よって、正解は②となります。「ひどく→華美に→ぜいたくに」と、うまく**言い換えの対応**をしていきましょう。

《通釈》関白殿が（部屋の）中にお入りになって、皇太后に申し上げなさる。「今日の（宴会の）ことは、すべてたいそうとりわけ不都合なことにしなさった。この数年来、世の中（＝宮廷社会）はたいそうこのようにぜいたくになってしまっています。また先年の御堂の会のお方々の女房の装束などは、非常に珍しい（ほどの派手な）ことでございましたが、それは夏のことなので事にも限度があって仕方がなかった。（でも今回は）どういう人の衣服が、二十枚も重ね着することがありますか。まったく本当にたいそう不都合なことでいらっしゃる。」

補問 記述式問題を解くのも勉強になります。次の傍線部を解釈してください。（『蜻蛉日記』団）

> この一条の太政の大殿の少将二人ながら、その月の十六日に亡くなりぬと言ひ騒ぐ。思ひやるもいみじきことと限りなし。

⇩少将が二人、亡くなったという文脈ですが、「ひどい」と答えては駄目です。最適な解釈を考えましょう。「**気の毒な（かわいそうな）**」が正解です。共通テストで出たら、正解選択肢は「おいたわしい」などもあり得ます。

問題4

傍線部の解釈として最も適当なものを、次の①〜⑤のうちから一つ選べ。（『平家物語』団）

東山の麓(ふもと)、鹿(しし)の谷といふ所は、うしろは三井寺につづいて、ゆゆしき城郭にてぞありける。俊寛(しゅんかん)僧都の山荘あり。かれに常は寄りあひ寄りあひ、平家滅ぼさむずるはかりことをぞめぐらしける。

① 立派で堅固な
② 不吉で恐ろしい
③ 美しくて快適な
④ ひどく荒れた
⑤ がらんとした

---

4 **ゆゆし**〈形容詞〉

❶不吉だ・ひどい
❷立派だ・すばらしい
❸甚だしい・たいそう〜

「**ゆゆし**」も、「いみじ」と同じく、〈甚だしい・プラス・マイナス〉の文脈判断が重要な語です。右に挙げた訳語は代表的なもので、ほかにも文脈に応じて適訳を考えましょう。「ゆゆし」が問われれば、条件反射的に「不吉だ」を選ぶ人がかなり多いのですが、もちろんそれは駄目です。確かに平安時代には❶の「不吉だ」という意味で多く使われましたが、鎌倉時代以降は❷や❸の意味でもよく使われるようになるので、注意が必要です。ちなみに『平家物語』は鎌倉時代前期の成立です。では、ここではどうでしょうか。傍線部を含む一文の構文分析をすると、「**鹿の谷といふ所**」は、「**ゆゆしき城郭**」の構えをしている地だったとわかり、さらに「**ゆゆしき**」が「**城郭**」に係っているという連体修飾の関係に着目しましょう（P75 **満点のコツその1 言葉の係り受けを考える**）。あとは「城郭」をイメージすると、立派な城構えをイメージできるでしょう。また、今のような観光用のお城ではなく、昔は実用的な目的に迫られて造られたはずです。となると、外敵の侵入を防ぐための守りが堅固なものだったはずです。よって、正解は①となります。③は今のお城のイメージです。もちろん、②の「不吉で」とかは無関係で、根拠がありません。不吉なお城とか、聞いたことがありません。④や⑤もまったく根拠がありません。

《通釈》東山の麓（にある）、鹿の谷という所は、後ろは三井寺に続いて、立派で堅固な城郭であった。（そこに）俊寛僧都の山荘がある。（反平家の人々は）その山荘にふだんから何度も寄り集まって、平家を滅ぼそうとする計略をめぐらせていた。

補問 もう一問、「ゆゆし」の出題を解いてもらいましょう。選んでください。（『しぐれ』㊦）

さる程に、隣の局（つぼね）（＝小部屋）に人の籠（こも）りて<u>ゆゆしくしのびたる</u>よそほひなりければ、怪しくてここかしこよりのぞき給へば、内には几帳（きちやう）を引かれたり。

① たいそう身をやつしている　② 必死で悲しみに耐えている
③ 不吉なほどに静まりかえっている　④ ひどく人目をはばかっている
⑤ 心をこめて故人を悼んでいる

⇩③の「不吉」に根拠はありません。この「ゆゆしく」は「たいそう」の意で、④の「ひどく」はその意味合いです。**101 しのぶ（忍ぶ）**には「❶我慢する ❷こっそり～する（人目を忍ぶ）」の意味があり、②の「耐えている」と④の「人目をはばかっている」が紛らわしいですが、「籠りて」からのつながりを考えると④の方が適切です。したがって、④が正解です。②は「悲しみ」に根拠がありません。

問題5 傍線部の解釈として最も適当なものを、次の①～⑤のうちから一つ選べ。（『今昔物語集』）

門のもとに（注）牛飼（うしかひ）の童（わらは）のいと恐ろしげなる、大きなる牛を引きて会ひたり。（中略）門閉ぢて開かねば、牛飼、牛をば門に結びて、扉の迫（はさま）の人通るべくもなきより入るとて、男を引きて、「汝（なんぢ）もともに入れ」と言へば、男、「いかでかこの迫（はさま）よりは入（い）らむ」と言ふを、童、「ただ入れ」とて男の手を取りて引き入るれば、男もともに入りぬ。

（注）牛飼の童――牛車（ぎっしゃ）の牛を引いたり、その牛の世話をしたりする者。「童」とあるが、必ずしも子どもとは限らない。

① こんな隙間からは入（はい）りたくない
② この隙間からなら入（はい）れるだろう
③ なんとかこの隙間から入（はい）りたい
④ いつからこの隙間に入（はい）れるのか
⑤ この隙間からは入（はい）れないだろう

「いかで」は重要古語です。次の三つの意味を判断する必要があります。

9 いかで〔副詞〕
❶どうして・どのように（～か）【疑問】
❷どうして（～か、いや～ない）【反語】
❸なんとかして（～たい）【願望】

この傍線部のように、「いかで」の下に「か」が付いて、「いかでか」の形になると、疑問の意味が強まって、❷

の反語の意味になりやすいですが、❶や❸の意味の場合もあるので、最終的にはやはり文脈で決めます。すると、ここでは閉じた門が開かないので、牛飼が、「**扉の迫の人通るべくもなきより入るとて**」(=扉の隙間で人が通ることができそうもない隙間から入ろうとして)、男に「一緒に入れ」と言ったのに対して、男が、「**どうしてこの隙間から入ることができるだろうか、いやできないだろう**」と答えた、と判断できる文脈です。したがって、この「いかで」は❷の**反語**の意味用法です。あとはこれと同じ意味の選択肢を選べばいいので、端的に言い換えた⑤の「**この隙間からは入れないだろう**」が正解になります(P75 **満点のコツその7 言い換えに注意**)。⑤は**反語の構文にとらわれない表現**を示していることに注意してください。ところで①はどうでしょうか。「いかでか」を反語、「入らむ」の「む」を意志の用法ととると、「どうしてこの隙間から入ろうか、いや入りたくない」と解釈できて、①も残る感じがします。しかし、「扉の迫の人通るべくもなき」とあることに注意しましょう。この「べく」は可能の用法で、**人が通ることもできそうにない隙間**なのだから、①の「入りたくない」よりも、⑤の「入れないだろう」の解釈の方が合理的で自然です。積極法で⑤を選びましょう。あと、③の「なんとかこの隙間から入りたい」は、「いかで」を願望の用法と解したものですが、直後で男は童(牛飼)から手を引っ張られて入っているので、男自身の意志で入ろうとしていたとは読み取れません。したがって、③の解釈は不自然で間違いです。

《**通釈**》門のもとに牛飼の童でたいそう恐ろしそうな童が、大きな牛を引いて(男と)出会った。門が閉じて開かないので、牛飼が、牛を門に結びとめて、扉の隙間で人が通ることができそうもない隙間から入ろうとして、男を引っ張って、「あなたも一緒に入れ」と言うと、男は、「どうしてこの隙間から入ることができるだろうか、いやできないだろう」と言うが、童が、「とにかく入れ」と言って男の手を取って引き入れるので、男も一緒に入った。

問題6

傍線部の解釈として最も適当なものを、次の①〜⑤のうちから一つ選べ。（『来目路（くめぢ）の橋』（作者の菅江真澄は、今旅の途中にあり、信濃（しなの）の国の筑摩（つかま）の郡に来て、知人宅に滞在している。）㊥

ふかきなさけに、なにくれと、（中略）めやすう馴（な）れむつび、ここらの友どちの円居（まどゐ）に、かたらひなづさひて、たびの空のくもらはしきこころもなう、月日のうつるもしらぬに、……

① 大騒ぎして
② 馴れ親しんで
③ 思い交わして
④ ふざけあって
⑤ 心を晴らして

「なづさひ」は「なづさふ」という四段動詞で、『源氏物語』などにも出てくる古語です。しかし、受験生はふつう誰も知らないでしょう。**古文単語へのアプローチ**にも載せていません（他の単語帳にも載っていないはずです）。したがって、文脈判断して答えればいいわけですが、その前に傍線部の構文分析をすると、「かたらひ」と「なづさひ」が並んでいます。つまり、「かたらひ」と「なづさひ」は並列関係になっていて、同じような意味だろうと判断すればいいわけです。傍線は「なづさひて」に引かれているが、実質的には「かたらひ」の意味を問うていると言えます（P75 **満点のコツその2 傍線部直前からのつながりに注意する**、**満点のコツその3 構文分析・要素の具体化**）。出題者のねらいに気づきましょう。

76　かたらふ（語らふ）〔四段〕

❶親しくする
❷仲間に引き入れる
❸語り合う

「**かたらふ（語らふ）**」は「語る」に反復継続を表す語の「ふ」が付いてできた動詞で、❸が原義ですが、**同性間・異性間ともに❶の意味で使うことが多く**、ここでも、「**馴れむつび**」（＝馴れ親しみ）とか、「こころの友どち」（＝多くの友だち）とあるので、❶の「親しくする」の意味と判断できます。そこから、「**なづさふ**」も同様の意味とわかり、正解は②の「**馴れ親しんで**」となります。③の「**思い交わして**」は意味が狭く（主に男女間のことを言う気がします）、④の「**ふざけあって**」は意味がずれる感じがします。でも、消去法で③や④を×にするというよりは、積極法で②を選びましょう。なお、第四部第1講の**問1**の㋐でも同じ解き方の問題が出ています。

並列関係に着目して解く方法は、本当に有力です。ぜひ身につけておきましょう。

《通釈》深い真心で、何やかやと、感じがよく馴れ親しみ、多くの友だちの集まりに、親しく話もはずみ馴れ親しんで、旅の空の曇ったようなどんよりした気持ちもなく（晴れやかで）、月日が経つのも気づかないが、……

問題7 傍線部の語の解釈として最も適当なものを、次の①～⑤のうちから一つ選べ。（『榻鴫暁筆（とうでんぎょうひつ）』（七））

また、屏風（びやうぶ）・障子の絵も文字も、その<u>かたくななる</u>筆やうして書きたるが、みぐるしきより、その主（あるじ）のつたなさ見えて、あさまし。

① かたくるしい
② わかりにくい
③ 頑固な
④ とげとげしい
⑤ ぎこちない

「**かたくななり（頑ななり）**」は、**古文単語へのアプローチ**には載せていない単語です。

かたくななり〔形容動詞〕
❶頑固だ
❷情趣を解さない・教養がない
❸見苦しい

現代語で「かたくなだ」と言えば、もう❶の意味でしか使いませんが、古語ではもう少し意味の幅があります。覚えておくべき単語とまでは言えず、文脈判断できれば十分です。そこで、傍線部の構文分析はしっかりしましょう。直前の「その」は、「屏風・障子の絵も文字も」を指しているのは明らかで問題ありません。ここでは、「**かたくななる**」が「**筆やう**」**に係っているという連体修飾の関係**を押さえましょう（P75 **満点のコツその1 言葉の係り受けを考える**）。屏風や障子の絵や文字のことなので、「筆やう」は「**筆遣い**」とか「**筆跡**」という意味と考えられます。そこで、それに係る修飾語として自然な選択肢はどれかと考えれば、「ぎこちない筆跡」が自然で、⑤がすんなり通じます。これですぐ下の「みぐるしき」「つたなさ」「あさまし」という否定的な文脈にもうまくつながります。よって、正解は⑤となります。①は雰囲気、②は意味や内容、③は性格・人柄、④は態度や言動などについて述べる場合です。③の「頑固な」を選んだ人は注意してください。「頑固な人」とは言いますが、「頑固な筆遣い」とは普通言いません。現代語の表現としての自然さ・適切性にも気を配りましょう。連体修飾の関係や連用修飾の関係は、傍線部に絡む場合、設問としてよくねらわれますので、どちらもよく注意する必要があります。

《通釈》また、屏風やふすまの絵や文字も、そのぎこちない筆遣いで書いてあるのが、（単に）見苦しいというよりも、（そのようなものを置いている）その主人の品の悪さこそがよく見えて、あきれることだ。

補問 入試問題で見かけた江戸時代の文章を一つ紹介しましょう。作者は京都東山の野外で知人たちと酒を飲んでいましたが、遠くの空に「赤き気」が生じました。今のオーロラ現象とされますが、作者は怪異現象と感じました。次の傍線部の意味を答えてください。（『折々草』団）

さてをかしかりつるこころずさみもなくなりたれば、皆帰りいなむと思ふ心のみして走り出でける。

① 奇妙さ　② 心配　③ 楽しみ　④ 優美さ　⑤ 驚き

⇩「こころずさみ」は覚えておくべき古語ではありません。ここでは「をかしかりつる」が「こころずさみ」に係っている連体修飾の関係に着目します。あとは **2をかし** の意味を考えて、「（酒を飲んで）おもしろかった」からつながるので、③が正解です。

問題8 傍線部の解釈として最も適当なものを、次の①〜⑤のうちから一つ選べ。（『玉水物語』㊀）

（一匹の狐が、美しい姫君を見そめて苦悩していた。）

なかなかに露霜とも消えやらぬ命、もの憂く思ひけるが、いかにして御そば近く参りて朝夕見奉り心を慰めばやと思ひめぐらして、……

① 思い直して
② どのようにして
③ どういうわけで
④ なんとかして
⑤ いずれにしても

39 いかに・いかが〔副詞〕 どのように・どうして

ここでは「いかに」＋「して」の「いかにして」なので、「どのようにして」という解釈がまず浮かんできますが、構文分析をすると、

「いかにして御そば近く参りて朝夕見奉り心を慰めばや」と思ひめぐらして、

と、心内文にかぎかっこを付けられる箇所であることを押さえましょう。さらに、「いかにして」がどこに係っているのか考えると、「御そば近く参りて朝夕見奉り心を慰めばや」全体に係っているのですが、端的には末尾の「ばや」に係っていると判断したいところです（P75 **満点のコツその1 言葉の係り受けを考える**）。「**ばや**」は重

要語法です。

195 未然形＋ばや〔終助詞〕〜たい【自己の願望】

そこから、**この「いかにして」は「ばや」と呼応関係にあって、それを根拠にして解く問題なのだと見抜きたい**ですが、どうだったでしょうか。すると、④なら「**なんとかして〜慰めたい**」で自然に通じます。よって、正解は④です。②の「どのようにして〜慰めたい」や、③の「どういうわけで〜慰めたい」では意味がうまく通じませんので、間違いです。「**いかにして**」に「なんとかして」の意味があるとあらかじめ知っておく必要はなく、ここでは「ばや」との呼応を見抜いて、「なんとかして」という意味なのだろうと判断できればいいわけです。「いかに」の語義から、②を選んだ人が多かったと思われますが、**思考の柔軟性は必要です**。**願望の構文**である「**いかにして〜ばや**」の呼応関係に着目して解く問題でした。出題者のねらいは明らかです。

《通釈》（狐は）なまじっか露や霜のように消えることのできない命を、憂鬱に思ったが、なんとかして（姫君の）おそば近くに参上して朝夕拝見して（自分の）心を慰めたいと思いめぐらせて、……

補問 実は似た問題が別の年にも問われています。傍線部だけの判断で、選択肢を選んでみてください。（『一本(ひともと)菊(ぎく)』㊆）

あはれ、見ばや。

① いとしいなあ、会えればいいなあ　② しみじみと心惹(ひ)かれるので、会ってみようかしら
③ ああ、会いたいものだ　④ 本当に、会えるかもしれない
⑤ かわいそうだなあ、会ってみたらどうだろうか

⇩感動詞の「**1 cf.あはれ**」と「**ばや**」の呼応関係を見抜きます。正解は③で、①の「いとしいなあ」は不可です。

問題9

傍線部の解釈として最も適当なものを、次の①～⑤のうちから一つ選べ。（『狗張子(いぬはりこ)』㊆）

角左衛門、その貧困辛苦の体(てい)を見て、かぎりなくあはれにおぼえ、また、その容貌の優にやさしきに見とれて、やや傍(そば)に寄り、手を取りて、「かかる艶(えん)なる身をもちて、この辺鄙(へんぴ)に貧しく送り給ふこそ遺恨なれ。我に従ひて、都にのぼり給へかし。よきにはからひ奉らん」と、少しその心を挑みける。女房、けしからず振り放ちて、いらへもせず。

① 男の無礼を不思議にも放(ほう)っておいて
② 男の誘いを当然のごとく拒絶して
③ 男の手をたいそう強く払いのけて
④ 自分の迷いを不道徳だと断ち切って
⑤ 自分の怒りを非常識なほど露(あらわ)にして

角左衛門が、ある女房に見とれて言い寄った場面です。「けしからず」は、現代語の非難の言葉の「けしからん」と同じとは限りません。実はここでは違う意味でしたが、これは解答の主要ポイントではありません。直後の「いらへもせず」（＝返事もしない）も確認したうえで、傍線部の構文分析をすると、「女房」が主語で、「振り放ちて」が述語ですが、**「振り放つ」は他動詞であること**を押さえましょう。したがって、ここでは目的語が省略されています。文脈に即して**目的語を補いましょう**（P75 **満点のコツその3 構文分析・要素の具体化**）。すると、「手を取りて」とあるので、角左衛門は女房の手をつかまえたうえで、言い寄っています。女房の側から見れば、角左衛門の手で、自分の手をつかまえられていることになります。その状況下で、女房が何を振り放つのかとなると、**角左衛門の手**だと判断するのが合理的です。よって、「男の手を」と補っている③を積極法で選べばよく、正解は③です。「**けしからず**」を「**たいそう強く**」と解釈しているのも、文脈からは自然です。紛らわしいのは、「**男の誘いを**」と補っている②ですが、これはもっともらしく作られた引っかけ選択肢に過ぎません。「手を取りて」という明確な根拠に基づく③の解釈が文脈的にぴったりなので、③を選べばいいだけです。傍線部中の主語・述語・目的語などで、省略されている要素があれば、それの補いをポイントとする問題は定番です。**省略語句の補いは常に意識するようにしましょう。**

《通釈》角左衛門は、その（女房の）貧困辛苦の様子を見て、この上なく気の毒に思われ、また、その（女房の）容貌が優美で上品なのに見とれて、少しそばに近寄り、（女房の）手を取って、「このような優美な身を持ちながら、この田舎に貧しく生活なさっているのは残念だ。私に従って、都に上りなさいよ。よいように取り計らい申し上げよう」と（言って）、少し女房の気持ちを試した。女房は、（男の手を）たいそう強く払いのけて、返事もしない。

補問 同じタイプの問題がほかの年度でも出ています。『風土記（ふどき）』（七）の一節で、翁は天女の衣服を隠してしまいます。それに続く場面です。傍線部の解釈として最も適当なものを選んでください。

天女（あまつをとめ）のいひけらく、「すべて天人（あめひと）の志（こころばへ）は、信（まこと）を以（も）ちて本（もと）となす。何ぞ疑ひ多くして、衣を許さざる。」といひき。（中略）つひに許して相副（あひたぐ）へて家にゆきて、すなはち相住むこと十余歳（ととせあまり）なりき。

① 我慢して　② 養女になって　③ 地上に残って　④ 衣を返して　⑤ 心を開いて

⇩「衣を許さざる」とあるので、傍線部は「（衣を）許して」と目的語を補えます。そこから正解は④と判断できます。

問題10

傍線部の解釈として最も適当なものを、次の①～⑤のうちから一つ選べ。（『俵藤太物語』七）

（藤太は）「いつぞや御前（＝平将門を指す）へ参りし御局の簾中より、見出だされたる上臈の御立ち姿を、一目見しより、恋の病となり、生死さだめぬ我が身のふぜい、誰かあはれと問ふべきや」と、さめざめと泣きければ、時雨（＝召使い）、このよし聞きて、偽りならぬ思ひの色、あはれに思ひ、「（中略）おぼしめす言の葉あらば、一筆あそばし給はれかし。参らせてみん」と言へば、藤太いとうれしくて、取る手もくゆるばかりなり。紫のうすやう（＝紫色の薄い紙）に、なかなか言葉はなくて、

恋ひ死なばやすかりぬべき露の身の逢ふを限りにながらへぞする

と書きて、引き結びてわたしけり。

① お返事をもらってみせましょう
② お手紙を差し上げてみましょう
③ 代わりに書いてさしあげましょう
④ こちらに来させてみましょう
⑤ あの方の所にお連れしてみましょう

問1では敬語の意味もよく問われます。**問1**で敬語を含む解釈が問われた場合、敬語としての意味が正しく反映されている選択肢を選んでください。例えば、「大臣のたまひけり」なら、「おっしゃった」が正しく、「言った」では駄目です（「のたまふ」は「言ふ」の尊敬語→P64**敬語一覧表**）。さて、本問に移りましょう。藤太が上臈女房に恋煩いして泣いているので、召使いの時雨が、「一筆あそばし給はれかし」（＝一筆お書きください）と言い、続けて「**参らせてみん**」と言った、という文脈です。「参らせてみん」のうち、敬語はどれでしょうか。四段動詞

「参る」の未然形「参ら」ではなく、下二段動詞「**参らす**」の連用形「**参らせ**」です。

18 まゐらす（参らす）〔下二段〕

❶**差し上げる【「与ふ」の謙譲語】**
❷**〜申し上げる【謙譲の補助動詞】**

ここでは本動詞の❶の用法で、「参らせてみん」は、「**差し上げてみよう**」と訳せます。目的語も補えば、②の「**お手紙を差し上げてみましょう**」と解釈でき、このあと藤太が手紙（恋文）を書いた文脈にもうまくつながります。正解は②です。なお、「**参らせ**」を「参ら」と「せ」に分けたら、**16 まゐる（参る）**の未然形と、使役の助動詞「す」の連用形となるので、「**参らせてみん**」を「（上臈女房をこちらに）参上させてみよう」と解釈することになり、④を選びかねませんが、これでは後の文脈にうまくつながらないので、間違いです。

《通釈》（藤太（＝藤原秀郷）は）「いつだったか将門様のもとへ参上した（ときの）女性の私室の簾の中から、垣間見えた上臈女房のお立ち姿を、一目見たときから、恋の病になり、生死も知れないわが身の有様を、誰がかわいそうだと尋ねてくれようか」と（言って）、さめざめと泣いたので、時雨は、このことを聞いて、うそではない気持ちの表情を、かわいそうに思い、「お考えになる言葉があれば、一筆お書きくださいよ。（手紙を）差し上げてみましょう」と言うので、藤太はたいそううれしくて、（筆を）取る手も（煙がゆらめくように）震えるほどである。

紫色の薄い紙に、中途半端に言葉は添えないで、

　いっそ恋い慕いながら死ぬならば、気も楽になるに違いない露のようにはかない命のわが身は、あなたに逢えたら死んでもよいと思いながら生き長らえています。

と（和歌だけ）書いて、引き結んで（時雨に）渡した。

問題11

傍線部の解釈として最も適当なものを、次の①～⑤のうちから一つ選べ。(『木草物語』㊆)

(菊君はある屋敷を訪れ、そこに若い尼がいることを知って興味を持ち、童に次のように言う。)

「あはれのことや。さばかり思ひとりしあたりに(=それほど悟った方である尼に)、常なき世の物語も聞こえまほしき心地するを、うちつけなるそぞろごとも罪深かるべけれど、いかがいふぞ、こころみに消息伝へてむや」とて、……

① うかがいたい
② 聞いてほしい
③ 申し上げたい
④ 話してほしい
⑤ 話し合いたい

この問題は意外と正解率が低かったと言われます。「聞こえ」は「聞こゆ」です。

15 きこゆ(聞こゆ)〔下二段〕

❶聞こえる
❷評判だ・噂される
❸理解できる・分かる
❹申し上げる【「言ふ」の謙譲語】
❺～申し上げる【謙譲の補助動詞】

一般動詞にも敬語動詞にもなる多義語です。❶が基本的な意味ですが、身分の高い人に「聞こえる」ようにする、つまりお耳に入るように「申し上げる」という謙譲語の意味も生まれました。

「**まほしき**」は、希望の助動詞「まほし」の連体形で、「〜たい」の意です（「〜てほしい」の意味になるのはまれです）。さらに、傍線部の構文分析をすれば、「**常なき世の物語も**」は「**聞こえ**」の目的語で、「**聞こえ**」は❹の本動詞の謙譲語ととって、「**常なき世の物語も聞こえまほしき心地するを**」は、「**無常のこの世の話をも申し上げたい気持ちがするが**」と解釈するのが自然です。よって、正解は③となります。「聞こゆ」には「（自然と）聞こえる」の意味はありますが、「（意識的に）聞く」という意味はありませんので、①の「うかがい（＝お聞きし）」や②の「**聞い**」の解釈は間違いです。④の「**話し**」や⑤の「**話し合い**」では謙譲語としての意味が出ていないので、どちらも駄目です。

《**通釈**》「心打たれることだなあ。それほどに悟った方に、無常のこの世の話でも申し上げたい気持ちがするが、突然のつまらない言葉（をかけること）も罪深いに違いないけれども、どう返事をしてくるのか、ためしに手紙を届けてくれるだろうか」と（童に）おっしゃって、……

問題12

傍線部の解釈として最も適当なものを、次の①〜⑤のうちから一つ選べ。（『源氏物語』㊆）

（自宅に残された子どもたち（＝「かしこなる人々」）は、母の三条殿に会いたく思っていた。）

かしこなる人々も、らうたげに恋ひ聞こゆめりしを、……

① いじらしい様子でお慕い申し上げているようだったが
② いじらしげに恋い焦がれているらしいと聞いていたが
③ かわいらしげに慕う人の様子を聞いていたようだが
④ かわいらしいことに恋しいと申し上げていたようだが
⑤ かわいそうなことに恋しくお思い申し上げているようだったが

もう一問、「**聞こゆ**」が含まれた問題を解いてみましょう。まず、「らうたげに」は形容動詞「**らうたげなり**」の連用形です。「らうたげなり」は形容詞「**らうたし**」からできた語です。「げなり」は「いかにもそんな様子だ」という意味を添える語です。

56 うつくし・らうたし〔形容詞〕　かわいい

「らうたげなり」なら「かわいらしい」と訳すと正確だと言う人もいます。次に、「恋ひ」は上二段動詞「恋ふ」の連用形で、「恋い慕う・恋しく思う」の意です。「聞こゆ」は連用形の「恋ひ」に付いているので、謙譲の補助動詞の用法で、「〜申し上げる」の意です。あと、ポイントには入っていませんが、「めり」は推定の助動詞、「し」は過去の助動詞「き」の連体形、「を」は接続助詞です。以上から、傍線部は、「かわいらしそうに（母の三条殿

を）恋い慕い申し上げているようだったが」と訳せます。あとはこれと同じ意味の選択肢を選べばよく、①が正解となります。「いじらしい」は「かわいらしい」の言い換えで、この点に注意が必要です（P75 **満点のコツその7 言い換えに注意**）。P28の**古文単語へのアプローチの理解のコツ**で書いていますが、「らうたし」はか弱い者を守ってあげたくなるような可憐（かれん）さを表します。①の「**いじらしい**」という言葉は、「らうたし」のこの原義に沿ったもので、表現的にやや高度と言えるでしょう。④が紛らわしい選択肢で、これを選ぶ人が多かったでしょうが、「恋しいと**申し上げていた**」となっていることに注意してください。④の「**申し上げ**」は、「言ふ」の謙譲語として、つまり本動詞としての訳になっているので、間違いです。ちなみに④が正解なら本文は「らうたげに恋し**と**聞こゆめりしを」という言い方になります。本問では、謙譲語の「聞こゆ」について、**本動詞と補助動詞の区別の理解**も問われています。②と③は、謙譲語の「聞こゆ」の解釈ができていませんから、簡単に消去できるでしょう。⑤は、「**かわいそうなことに**」が「らうたげなり」の語義に合っていないので、間違いです。ただし、「**恋しくお思い申し上げているようだったが**」は正しいです。

《通釈》あちら（の自宅）にいる子どもたちも、いじらしげな様子で（母の三条殿を）恋い慕い申し上げているようだったが、……

問題13

傍線部(ア)・(イ)の語句の解釈として最も適当なものを、次の各群の①～⑤のうちから、それぞれ一つずつ選べ。（『宇津保物語』七）

（太政大臣の四男の若小君（わかこぎみ）が、ふと見かけた女の家に立ち寄り、女に言い寄った場面である。）

女、「いさや、何かは聞こえさせむ。かう(ア)あさましき住まひし侍（はべ）れば、立ち寄り訪（と）ふべき人もなきに、あやしく、おぼえずなむ」と聞こゆ。（中略）（若小君は、）女に、「今は、(イ)なおぼしへだてそ。さるべきにてこそ、かく見奉り初（そ）めぬらめ。（中略）」とのたまへば、女、いとどいみじきもの思ひさへまさる心地して、……

(ア) あさましき

① 窮屈な
② がらんとした
③ ひっそりとした
④ 気味が悪い
⑤ 見苦しい

(イ) なおぼしへだてそ

① いいかげんだと思わないでください
② あまり思い詰めないでください
③ もっと寄りそってください
④ そんなに動揺しないでください
⑤ うちとけて接してください

ここでは2問取り上げました。(ア)・(イ)ともに、**高度な思考力**の試される、相当手ごわい過去問です。しかし、こういう最高峰の解釈問題に取り組んでおくことは、満点を目指すために大いに意義があります。

(ア)「**あさまし**」は重要古語で、とりあえず次の訳語で覚えておきます。

26 あさまし〔形容詞〕 **驚きあきれる**

しかし、P24の**理解のコツ**で「文脈によってはもっと具体化すること」としたように、ここでは文脈に即した適訳が求められています。まず傍線部(ア)の構文分析をすれば、「あさましき」が「住まひ」に係っているという連体修飾の関係に着目しましょう（P75 **満点のコツその1 言葉の係り受けを考える**）。つまり、**驚きあきれるほどのどんな住まいなのか**、ということです。続いて女は、「立ち寄って訪問するはずの人もいないのに、（あなた様のご訪問は）不思議で、思いがけないことです」と述べているので、あまりよくない住まいをしていることはわかります。ただし、選択肢はすべてよくない内容ですので、それ以上絞れません。あとは結果的に、**女の言葉のニュアンスをうまくつかめたかどうか**です。ここは女が若小君の突然の訪問を受けて挨拶している場面です。今でも来客に対して、「すみません、部屋が散らかっていますけれど…」などと謙遜して言ったりしますが、「かうあさましき住まひし侍れば」という言い方にも、**女の謙遜（卑下）の気持ち**が感じられます。そういう観点で考えると、「**このように（驚きあきれるほどの）見苦しい住まいをしておりますので**」と解釈するのが適切でしょう。よって、正解は⑤となります。①〜③は根拠がなく、④は言い過ぎです。でもやはり積極法で⑤を選びたいところです。

(イ) まずは傍線部(イ)を逐語訳してみましょう。「**な〜そ**」は禁止の構文です。

7 な〔副詞〕**〜そ**〔終助詞〕 **〜するな【禁止】**

「おぼし」（**12 おぼす（思す）**）は「おもひ」が尊敬語化したものなので、「なおぼしへだてそ」は、「思い隔てなさるな」とか「思い隔てないでください」と、ほぼ逐語訳することができます。ただし、「思い隔てる」とは「(相手に対して)心に隔てを置く」という意味なので、「疎遠に思う」とか「よそよそしくする」と言い換えることができます。したがって、「**疎遠に思わないでください**」などと意訳できるところです。あとはこれと同じ意味の選択肢を選びます。すると、⑤の「**うちとけて接してください**」が言い換えとして該当し、⑤が正解となります(P75 **✿満点のコツその7 言い換えに注意**)。⑤は**禁止の構文を反映していない表現**で、通常の現代語訳の範疇を超えているので、正解率はかなり低かったと思います。しかし、**解釈では意味が同じであればよく、文法や構文にとらわれる必要はない**ので、とにかく慣れることです。②や④を選んだ受験生が多かったのですが、「思い詰める」(=心配事などで深刻に思い込む)や「動揺する」(=心の平静を失う)は、「(相手に対して)疎遠に思う・よそよそしくする」と同じ意味ではないので、間違いです。①は「いいかげんだと」が間違いです。③は「寄りそう」が内面的な意味でなく、身体的な動作なので、間違いです。本問のような解釈問題に対応できるようにしておくと、**問2**以降の説明問題でも要領は同じなので、満点を十分に目指していけます。

さて、ここで、**現代語訳と解釈**について、整理しておきましょう。仮にですが、傍線部(イ)「**なおぼしへだてそ**」を**現代語訳せよ**、という**記述式の問題**が出たとします。その場合、いくつか現代語訳の仕方が考えられます。

①お思いになり隔てるな・お思い隔てるな(↑逐語訳)
②思い隔てなさるな・思い隔てないでください(↑ほぼ逐語訳)
③疎遠に思わないでください・よそよそしくしないでください(↑意訳)
④うちとけて接してください(↑意訳)

このうち、①は、禁止の構文や尊敬語を踏まえた訳なので、間違いではありません。しかし、逐語訳すぎて現代語としては不自然です。この訳はお勧めできません。②は、尊敬語の訳出にちょっと工夫をしていますが、逐語訳に近い訳で、現代語としても不自然ではありません。②のような訳ができれば、正解です。受験生としてはこれで十分でしょう。ただし、「思い隔てる」という訳はやや生硬な感じがしますので、意訳すれば③のようになります。

もちろんこれも正解です。では、さらに意訳して④のように訳したらどうでしょうか。ここで少し立ち止まって考えると、P73でも述べたように、**大学入試における現代語訳問題では、文法や構文通りに一語一語訳出する**、というのが、（誰が決めたわけでもないですが）おそらくコンセンサスになっていると思います。④は、「な〜そ」の禁止の構文を無視していて、通常の現代語訳の原則からはみ出しているので、採点者は正直困るでしょう。だいたい正解にしてくれると思いますが、採点者によっては減点対象になる気がします。ですので、**現代語訳問題**では④の答え方はやめるべきです。しかし、**解釈は形にこだわる必要がなく、逆にわかりやすさを含む概念**だと思いますので、④は簡潔なわかりやすい表現で、優れた解釈と言えるでしょう。ちなみに、**説明せよ**、だったら、どうでしょうか。例えば次のように答えられます。

⑤よそよそしくしないで、私にうちとけて接してほしいということ。（↑説明）

説明問題では、敬語は通常表現に直して答えます（この場合、尊敬語の意味合いを省きます）。また、人物関係も明示するのが原則ですが、ここは会話文中の傍線部なので、無理に明示する必要はありません。正しく解釈さえできれば、正しい説明の選択肢を選ぶのは容易なはずです。解釈問題に強くなったら、説明問題にも強くなれます。

《通釈》女は、「さあねえ、何を申し上げましょうか、いえ何も申し上げることはありません。このように見苦しい住まいをしておりますので、立ち寄って訪問するはずの人もいないのに、（あなた様のご訪問は）不思議で、思いがけないことでございます」と申し上げる。（若小君は、）女に、「今はもう、疎遠に思わないでください。そうなるはずの前世からの因縁で、このように見初め申し上げたのでしょう」とおっしゃるので、女は、ますますひどいもの思いまで募る気持ちがして、……

問題14

傍線部の解釈として最も適当なものを、次の①～⑤のうちから一つ選べ。（『三国伝記』㊆）

堀河院の御宇に（＝堀河天皇の治世に）、洛陽（らくやう）四条西洞院（にしのとうゐん）に、左衛門尉（さゑもんのじよう）大江景宗（かげむね）といふ者あり。その、品高き女に心をかけて、月日を送れども、言葉をさへ伝へ、心の色を知るべき身にもあらねば、（中略）ただ泣き居たり。かくて死しなば、そのむくい、後の罪さへ悲しくて、人ゆゑ惜しき命の末、いかがはせむと思ひつつ、初瀬の寺（＝長谷寺のこと）に百日籠（こも）りて、ねんごろに祈請（きしやう）申しけり。

① 思いを表す言葉を伝えるまではしても、高貴な女のさまざまな思いなど知るはずもない身分なので。
② 思いを表す言葉を伝えるまではしても、女は地位の低い男の気持ちなど理解できるはずもない身分なので。
③ 思いを表す言葉を伝えることさえできず、互いに心が通じ合えるような身分でもないので。
④ 思いを表す言葉を伝えることさえできず、女にどう思っているかを知ってもらえない身分なので。
⑤ 思いを表す言葉を伝えることさえできず、女がどう思っているかを知ることもできない身分なので。

純粋な解釈問題に見えますが、実は**連用中止法という文法・構文が絡んだ問題**です。センター試験時代の過去問ですが、この用法は共通テストで問われる可能性も十分あるので、取り上げてみました。選択肢を見ると、景宗が女に告白だけはしたのか、それとも告白さえしていないのか、二つに分かれています。まず、そのどちらなのか見極める必要があります。そこで、傍線部の構文分析をすると、次のような文章構造だとわかったかどうかです。

言葉をさへ伝へ、
心の色を　知る　｝べき身にもあらねば

「言葉をさへ伝へ」と「心の色を知る」が**並列の関係**で、この**二つがともに「べき身にもあらねば」に係っています**。「～べき身にもあらねば」は「～できる身でもないので」の意で、要するに「～できない」ということです。

したがって、傍線部は、「**言葉をさえ伝えたり、心の色を知ったりすることができないので**」＝「**言葉を伝えることさえできず、心の色を知ることもできないので**」と解釈することができます。これで選択肢は③④⑤に絞れます。あとは、文脈から「**心の色**」が「**（女の）心の色**」と補えるので、それに該当する解釈は、⑤の「女がどう思っているか」です。よって、⑤が正解となります。③④は「心の色」の解釈が正しくありません。

さて、**連用中止法**というのは、文字通り、**いったん連用形で止めて（連用形の下に「、」を打つことが多い）、さらに下の語句に続ける用法**です。その場合、上下二つの語句は、**並列**や**単純接続**や**原因結果の関係**になるのですが、特に**並列の関係になる場合に注意しましょう**。ここでは、連用形の「伝へ」でいったん止めて、a「言葉をさへ伝へ」とb「**心の色を知る**」が並列の関係になっています。あとは、「**べき身にもあらねば**」（端的に言えば打消の助動詞「ず」の已然形のc「**ね**」）が、**aとbの両方を打ち消しているとわかればいいわけです**。数学の分配法則の（a＋b）c＝ac＋bcの考え方ですね。

《通釈》 堀河天皇の治世に、京都の四条西洞院に、左衛門尉大江景宗という者がいた。その男が、身分の高い女に思いを寄せて、月日を送るけれども、言葉をさえ伝えたり、（女の）心の様子を知ったりすることのできる身の上でもないので、ただひたすら泣いていた。このまま死んでしまったならば、その（煩悩を抱えたまま死ぬ）報いとして、死後の（自分の）罪まで悲しくて、その女性ゆえに惜しいわが命の行く末を、どうしようかと思いながら、初瀬の寺（＝長谷寺）に百日籠って、（願いを叶えてほしいと）心を込めて（観音に）お祈り申し上げた。

まとめのトレーニング

さてここからは、過去問の中から、ほぼまるまる一題に取り組んでもらいます（本文や設問は一部割愛しています）。いずれも特に取り組んでほしい良問です。トレーニングの仕上げとして、しっかり取り組んでください。

問題15

次の文章は、『とりかへばや』の一節で、大将が、吉野に隠棲している吉野の宮の二人の姫君を、都に迎え新居に移そうとする場面である。これを読んで、後の問いに答えよ。（七）

その日になりて、渡り給ふ儀式いとめでたく、中の君も、遅らかし給ふaべきならねば、(ア)具し聞こえてぞ出で給ふ。女君はなほ、「いさや、いかなるべき事にか」と、物憂くのみおぼさるれど、父宮もあるべき様おぼしおきてて、「今は何しにかは、この庵をまた立ち帰り見給ふbべき。みづからも、都に立ち出で侍るべきならねば、これなむ対面の限りにて侍るめる。年ごろ(イ)去りがたきほだしとかかづらひ聞こえて、後の世の勤めも、おのづから懈怠し侍りつるを、今よりは、一筋に行ひ勤め侍るべきなれば、いみじうなむうれしかるcべき」とて、うち泣き給ひて、

行く末もはるけかるdべき別れには逢ひ見む事のいつとなきかな

とて、「今日は(注)こといみすべしや」と、押しのごひ隠し給ふ。女君、

Aあふことをいつともしらぬわかれぢはいづべきかたもなくなくぞゆく

と、袖を顔に押し当てて、出でやり給はず。中の君、

Bいづかたに身をたぐへましとどまるも出づるもともに惜しき別れを

我は必ずしも、急ぎ出づべきならねど、姫君にしばしも立ち離れ聞こえては、いとよりどころなき心地すeべきもさる事にて、宮も、「やがてついでに渡し奉りて、我は一筋に思ひ置く事なくて」とおぼして、さるfべ

き　c老いしらへる女房などをだにとどめ給はず、出（いだ）し立てさせ給ふ。（後略）

（注）　こといみ――不吉な言動を慎むこと。

問1　傍線部(ア)・(イ)の語句の解釈として最も適当なものを、次の各群の①～⑤のうちから、それぞれ一つずつ選べ。

(ア)　具し聞こえて

①　お誘い申し上げて　②　ご用意申し上げて　③　お連れ申し上げて
④　ご説得申し上げて　⑤　お慰め申し上げて

(イ)　去りがたきほだし

①　のがれられない束縛　②　避けられない運命
③　身動きのとれない重荷　④　消し去ることのできない関係
⑤　断ち切れない固い結び付き

問2　傍線部a～fの「べき」は、助動詞「べし」の連体形である。その連体形の働きは、(Ⅰ)体言に準ずる語句を作る働き、(Ⅱ)係助詞を受けて結ぶ働き、(Ⅲ)下の語を修飾する働き、の三つのグループに分けられる。a～fの「べき」の働きは、それぞれ(Ⅰ)～(Ⅲ)のどれに当たるか。その組み合わせとして最も適当なものを、次の①～⑤のうちから一つ選べ。

	(Ⅰ)	(Ⅱ)	(Ⅲ)
①	a b	c d	e f
②	a c	b e	d f
③	a d	b c	e f

④ a e　b c　d f
⑤ a f　b c　d e

問3　傍線部Aの和歌には掛詞（かけことば）が用いられているが、その掛詞を含む句を、次の①～⑤のうちから一つ選べ。
① あふことを　② いつともしらぬ　③ わかれぢは
④ いづべきかたも　⑤ なくなくぞゆく

問4　傍線部B「いづかたに身をたぐへましとどまるも出づるもともに惜しき別れを」の和歌の解釈として最も適当なものを、次の①～⑥のうちから一つ選べ。
① どこに出て行くのかもわからないこのわが身を何にたとえたらよいのだろうか。吉野に残る父宮、都へ行く姉君のどちらも別れを惜しんでいることだ。
② どこに出て行くのかもわからないこのわが身を何にたとえたらよいのだろうか。この吉野にとどまるにせよ、都へ行くにせよ、どちらにしてもともに名残惜しい別れであることだ。
③ 父宮のもとを出て行く姉君たちにこのわが身を伴わせよう。吉野に残る父宮、都へ行く姉君のどちらも別れを惜しんでいることだ。
④ 父宮のもとを出て行く姉君たちにこのわが身を伴わせよう。この吉野にとどまるにせよ、都へ行くにせよ、どちらにしてもともに名残惜しい別れであることだ。
⑤ 父宮と姉君、そのどちらにこのわが身を伴わせようか。吉野に残る父宮、都へ行く姉君のどちらも別れを惜しんでいることだ。
⑥ 父宮と姉君、そのどちらにこのわが身を伴わせようか。この吉野にとどまるにせよ、都へ行くにせよ、どちらにしてもともに名残惜しい別れであることだ。

問5　傍線部C「老いしらへる女房などをだにとどめ給はず、出し立てさせ給ふ。」は、吉野の宮が、老女房までも娘と一緒に都に行かせた、ということである。この処置の背後にある吉野の宮の考えはどのようなものか。最も適当なものを、次の①〜⑤のうちから一つ選べ。

① 我が身に不自由を感じても、老女房は同性である娘のもとに仕えるべきだ、という考え。
② 娘のいなくなる吉野で、老女房に寂しい思いをさせることはできない、という考え。
③ 娘に託すことで、老女房にも大将の世話を十分に受けさせたい、という考え。
④ 使いなれた老女房をも娘に託して、一切の俗縁を断った環境を作りたい、という考え。
⑤ 役に立たない老女房を娘に託すことで、落ちついた生活を送ることができる、という考え。

解答・解説・現代語訳

問1 (ア)　「具す」は基本古語です。

81 **ぐす（具す）**〔サ変〕　❶連れる　❷従う・連れ添う　❸持つ・持って行く

基本的には❶の意味ですが、「誰それに・誰それと」の場合は❷の意味、「物を」の場合は❸の意味にもなります。ここでは、大将が、姉の女君だけでなく、妹の中の君をも「具す」という文脈なので、❶の意味です。「聞こえ」（15 **きこゆ（聞こゆ）**）は、連用形の下に付いているので、謙譲の補助動詞です。よって、正解は③です。

問1 (イ)　あらかじめ「ほだし」の意味を知らないと、なかなか絞り切れない難問です。

109　cf.ほだし（絆）〔名詞〕 ❶束縛　❷（出家の妨げとなる）家族

「ほだし」は「絆」の字をあてる古語で、❶の「**自由を束縛するもの**」というのが原義です。そこから、❷の「**出家や仏道修行の束縛（足手まとい）となる家族**」を言うようになりました。ここでは娘である二人の姫君を指して言っています。「**去りがたき**」は「**捨て去りがたい**」と解したいところです。以上から、正解は①となります。積極法で①を選びましょう。②は「**運命**」が明らかな間違いです。③は「**重荷**」が許容できても、「**身動きのとれない**」が不適切です。④の「**関係**」、⑤の「**固い結び付き**」では、「ほだし」の**否定的語義**が出ていません。

問2　思考力の問われる、ユニークな文法問題です。共通テストでも、このような意表を突く出題は十分あり得ます。(Ⅰ)は、連体形の働きのうち、**準体法**と言われる用法です。例えば、「遣水（やりみづ）より煙の立つこそをかしけれ」（『徒然草』）の「立つ」は、四段活用の連体形で、下に「こと」を補って考えることができます。つまり、この「立つ」は「立つこと」と同じで、**体言に準じる（体言扱いできる）**ということです。このように**下に体言を補える連体形**を、**準体法**と言います。ここでは、まず**a**がそうです。「**遅らかし給ふべき（こと）ならねば**」と、下に「こと」を補えます。**a**は①〜⑤とも(Ⅰ)に入っており、あらかじめ(Ⅰ)に属するとヒントが与えられているので、あとは下に「こと」を補えたかどうかです。その観点でチェックしていくと、**e**も「**いとよりどころなき心地すべき（こと）もさる事にて**」と、下に「こと」が補えて、同じ用法です。これで正解は④となります。**b**は「**か は↓べき**」の係り結び、**c**は「**なむ↓べき**」の係り結びで、(Ⅱ)に分類できます。**d**の「べき」は「**別れ**」を修飾し、**f**の「べき」は「**老いしらへる女房**」を修飾しているので、(Ⅲ)の連体修飾の用法に分類できます。**f**については、**10 さるべき**で、「（吉野に残すのに）適当な・ふさわしい」の意になる慣用表現です。

問3 **和歌の修辞法対策**もしておきましょう。掛詞は共通テストでも出題されています（第四部・第3講の**問4**）。本問は易しめの出題と言えるので、確実に得点したいところです。上の句は、「逢ふことをいつとも知らぬ別れ路は」と漢字表記できます。「逢ふ」は「会ふ」とあてても同じです。ここまで掛詞はありません。下の句は、「出づべき方も無く」と「泣く泣くぞ行く」を縮めた詠み方で、「なく」が「無く」と「泣く」の掛詞になっています。よって、正解は⑤です。下の句は、「**出て行きようも無く、泣きながら出て行きます**」という意味です。和歌への慣れがあれば、そう無理なく解釈できるでしょう。掛詞は、**和歌の文意がクロスするところ**に現れやすく（**電車の乗り換え**をイメージしてください）、ここでは次のように図示できます。

出づべき方も　無く
いづべきかたも　なく　なくぞゆく
　　　　　　　　泣く　泣くぞ行く

問4 次は**和歌の解釈問題**です。助動詞の「**まし**」が含まれていて、これがポイントの一つになっています。第二部・**主要な助動詞の意味用法**のP53に「まし」の**理解のコツ**を挙げています。ここでは、仮定条件を伴わず、疑問語の「いづかたに（何方に）」（＝どちらに）と呼応しているので、反実仮想でなく、ためらいの意志の用法です。したがって、その観点から選択肢をチェックすると、⑤と⑥の「父宮と姉君、その**どちらに**このわが身を伴わせ**ようか**」が正しい解釈とわかります。①と②は、「どこに出て行くのかもわからない」や「たとえたら」が間違いです。③と④は、「姉君たち」が間違いです。リード文に「二人の姫君」とあるので、姉一人・妹一人です。あとは、第三句以降の解釈になります。⑤と⑥の選択肢後半（二文目）の内容は、それだけ読むと、どちらも通じている感じがしますが、**選択肢前半の内容からうまく意味がつながるのは**、⑥のほうです。P75 **満点のコツその2**の要領で、これは同じ傍線部内のことですが、**直前からのつながりに注意**しましょう。父宮にわが身を伴わせて吉野にとどまれば、姉君との名残惜しい別れになるし、逆に姉君にわが身を伴わせて都へ出て行けば、父宮との名残惜しい別れになります。どちらを選択しても名残惜しい別れとなるので、中の君（妹）はためらっているのです。正解は⑥となります。⑤の後半の内容では、前半からうまく意味がつながっていないので、間違った解釈です。

問5　「**この処置の背後にある吉野の宮の考え**」とは、傍線部C直前の『**やがてついでに渡し奉りて、我は一筋に思ひ置く事なくて**』**とおぼして**」を指していることは明らかです。要するにこの箇所の内容をつかめばいいわけです。ただし結果的には、「**やがてついでに渡し奉りて**」（＝そのままこの機会に中の君をも都に行かせ申し上げて）は、よくわかる必要はありませんでした。「**我は一筋に思ひ置く事なくて**」の解釈がポイントでした。ではそこを構文分析し、文章構造を考えてみてください。**末尾の接続助詞「て」に注意しましょう。**

主語　我は一筋に思ひ置く事なくて（…………）述語

「我は」という主語に対する述語が、途中で切れてありません。実は**述語を補うのが解答の一番のポイント**です。すると、「一**筋**に思ひ置く事なくて」の「一**筋に**」に着目したいところです。本文のほかの箇所にも、その語句がなかったでしょうか。5行目の「一**筋に**行ひ勤め侍るべきなれば」にもあります。では**その二箇所を重ね合わせて**ください（P75 **満点のコツその4 同じ文脈を重ね合わせて考える**）。すると、次のように述語を補えるでしょう。

一筋に行ひ勤め侍るべきなれば、
主語　我は一筋に思ひ置く事なくて（**行ひ勤めむ**）述語

62 おこなふ（行ふ） は「**仏道修行する・勤行（ごんぎょう）する**」の意なので、吉野の宮の考えとは、「**一筋に（一心に）仏道修行に励みたい**」ということだと判断できます。そして、**仏道修行に専念するためには、世俗との関わりを断ち切る必要があります**。したがって、④の「一切の俗縁を断った環境を作りたい」が正解となります。吉野の宮が二人の姫君だけでなく老女房まで都に行かせたのは、一切の俗縁を断って仏道修行に専念するためだったのです。他の選択肢では仏道修行への専念につながりませんから、間違いです。

《通釈》その日になって、(女君が都に)お移りになる儀式はたいそうすばらしく、中の君(＝妹君)も、遅らせなさるべきことでないので、(大将は中の君をも)お連れ申し上げて出なさる。女君(＝姉君)はやはり、「さあねえ、どうなるはずのことだろうか」と、つらいとばかりお思いになるけれども、父宮も(今後の)あるべき(家族の)さまをお思い定めになって、「これからはどうして、(そなたたちは)この草庵に再び立ち帰って見なさることができようか、いやできないだろう。私自身も、都に出かけることはできませんので、これが対面の最後でございますようです。長年のがれられない束縛(＝二人の姫君のこと)と関わり申し上げて、極楽往生のための勤行も、自然と怠けてきましたが、今からは、一途に仏道修行することができますので、たいそううれしいことでしょう」と言って、お泣きになって、

(幸せな)将来が長く続くに違いない別れだが、また会えるようなことがいつともわからないなあ

と詠んで、「今日は不吉な言動は慎むべきだったね」と(言いながら)、(涙を)押し拭って隠しなさる。女君は、

(今後)会うことがいつともわからない別れ路は、出て行きようも無いけれども、泣きながら出て行きます

と(詠んで)、袖を顔に押し当てて、なかなか出かけなさらない。中の君は、

(父宮と姉君の)どちらにわが身を伴わせようかしら。(吉野に)残ることも、(都に)出て行くことも、(どちらを選択しても)ともに名残惜しい別れだなあ。

自分(＝中の君)は必ずしも、急いで出て行くべきことでもないけれども、姫君(＝姉君)に少しの間でも立ち離れ申し上げるとしたら、とても頼りない気持ちがするはずのことも言うまでもないことで、父宮も、「そのままこの機会に(中の君をも都に)行かせ申し上げて、自分は一途に思い残すことなくて(仏道修行しよう)」とお思いになって、(吉野に残すのに)適当な老練の女房などさえ残しなさらず、(都に)出発させなさる。

問題16

次の文章は『栄花物語』の一節である。藤原伊周（これちか）・隆家兄弟は、藤原道長との政争に敗れて、伊周は播磨（はりま）に、隆家は但馬（たじま）に配流されている。これを読んで、後の問いに答えよ。（[セ]注改）

（前略）播磨よりも但馬よりも、日々に人参り通ふ。（注1）北の方の御心地いやまさりに重りにければ、ことごとなし。「（注2）帥殿（そち）今一度見奉りて死なむ死なむ」といふことを、寝てもさめてものたまへば、（注3）宮の御前もいみじう（ア）心苦しきことにおぼしめし、この（注4）御はらからの主たちも、A「いかなるべきことにか」と思ひまはせど、なほ、いと恐ろし。北の方は（イ）せちに泣き恋ひ a奉り給（たま）ふ。見聞き奉る人々もやすからず思ひ b聞こえたり。

（中略。伊周は母の様子を伝え聞き、ひそかに配所を抜け出し、母に会うために上京した。）

さて、（注5）宮の内には事の聞こえあるべければ、この西の京に西院といふ所に、いみじう忍びて夜中に cおはしたれば、（注6）上も宮もいと忍びてそこにおはしましあひたり。（中略）母北の方も、宮の御前も、御方々も、殿も見奉りかはさせ給ひて、また、いまさらの御対面の喜びの御涙も、いとおどろおどろしういみじ。上は、（ウ）かしこく御車に乗せ奉りて、おましながらかきおろし d奉りける。いと不覚になりにける御心地なりけれど、よろづ騒がしう泣く泣く聞こえ e給ひて、「今は心安く死にもし侍（はべ）るべきかな」と、よろこび聞こえ給ふも、いかでかはおろかに。あはれに悲しとも世の常なりや。

（注）
1 北の方——伊周の母。
2 帥殿——伊周のこと。
3 宮の御前——伊周の妹、中宮定子。
4 御はらからの主たち——北の方の兄弟。
5 宮の内——中宮定子の居所。
6 上——伊周の母、北の方のこと。

問1 傍線部(ア)〜(ウ)の解釈として最も適当なものを、次の各群の①〜⑤のうちから、それぞれ一つずつ選べ。

(ア) 心苦しきこと
① 不愉快なこと ② みっともないこと ③ 気分が悪いこと
④ わずらわしいこと ⑤ お気の毒なこと

(イ) せちに
① せっかちに ② おだやかに ③ ひたすらに ④ みだりに ⑤ おおげさに

(ウ) かしこく
① おそれおおく ② うまく ③ おそろしく ④ うつくしく ⑤ うれしく

問2 波線部a〜eの敬語のうち、帥殿に対する敬意を表しているものが二つある。それはどれとどれの組合せか。次の①〜⑤のうちから一つ選べ。

① a「奉り」とb「聞こえ」
② a「奉り」とc「おはし」
③ b「聞こえ」とd「奉り」
④ c「おはし」とe「給ひ」
⑤ d「奉り」とe「給ひ」

問3 傍線部A「『いかなるべきことにか』と思ひまはせど、なほ、いと恐ろし。」とあるが、その「いと恐ろし」の内容の説明として最も適当なものを、次の①〜⑤のうちから一つ選べ。

① 北の方の望みをかなえて伊周を入京させたならば、困惑すべき事態を招くのではないかと恐れている。
② 北の方が死んだら道長と伊周の政争が再燃するのではないかと恐れている。

③ このまま北の方の訴えに耳を貸さないでいたら、その罪を負って地獄に落ちるのではないかと恐れている。
④ このままでは北の方の病気が重くなって死んでしまうに違いないと恐れている。
⑤ 伊周との対面がかなうことによって、北の方の病状がかえって悪化するのではないかと恐れている。

解答・解説・現代語訳

問1 (ア) 「心苦し」は基本古語です。基本的に次の意味で覚えておきます。

88 **こころぐるし〔心苦し〕**（形容詞）　**気の毒だ・かわいそうだ**

ここでも、重病の母北の方が、「息子の帥殿（伊周）に会ってから死にたい」と絶えず言っているので、娘の中宮定子が**母北の方を気の毒に思っている**、と解釈して自然です。よって、正解は⑤です。

問1 (イ) 「せちに」は形容動詞「せちなり（切なり）」の連用形です。**古文単語へのアプローチ**には載せていませんが、知っておきたい単語です。P156の第四部・第2講の**問3**でも問われています。

せちなり〔切なり〕（形容動詞）　❶切実だ・痛切だ　❷（「せちに」で）いちずに・ひたすら

現代語でも「切(せつ)に願う」などの言い方で残っています。古語でも「切実」の「切」の字をあてて覚えておけば、❷の意味もイメージしやすいでしょう。ここでは、「せちに」は「泣き恋ひ」（＝泣き慕い）に係っていて、❷の意味に解せます。よって、正解は③です。④の「みだりに」が紛らわしいですが、これは悪いニュアンスが強すぎるので不適切に思えます。でも、④を消去するというよりは、③を積極法で選べば済む話です。

問1 (ウ) これは難問でした。正解率は相当低かったと思います。

71 **かしこし**〔形容詞〕 ❶畏(おそ)れ多い【畏し】 ❷すぐれている・うまく【賢し】

P30の**理解のコツ**も参照してください。意外と多義語です。さて、傍線部の構文分析をすると、「**かしこく**」は「**御車に乗せ奉りて**」**に係っています**（P75 **満点のコツその1 言葉の係り受けを考える**）。この連用修飾の関係に注意しましょう。また、「**上は**」とありますが、これは主語でなく、「乗せ奉りて」の目的語です。したがって、ここでは「上」（＝伊周の母・北の方）の牛車への乗せ方について言ったものであり、**重病の北の方をうまく牛車に乗せた**、と解釈するのが適切です。よって、正解は②となります。①の「おそれおおく」を選んだ人が多かったと思いますが、畏れ多い対象とは、ふつう神や天皇・皇族などでしょう。北の方は、実は故関白・藤原道隆の妻なのですが、それでもオーバーな気がします。やはりここでは連用修飾の関係から、②の「うまく」を積極法で選びたいところです。

問2 **誰から誰への敬意**に関する問題は頻出で、センター試験の最後の二年（2019年度・2020年度）にも敬意の対象を問う問題が出ていました。共通テストでも当然出題が予想されます。しっかり学習しておきましょう。**敬語一覧表**のP65の**誰から誰への敬意か**を参照してください。丁寧語は「侍り」「候ふ」の二語だけなので、あとは尊敬語か謙譲語になります。主要な敬語と関連語は、**古文単語へのアプローチ11～21**および**177～187**で取り上げましたが、結局のところ、敬語は一語一語、意味も含めて覚えていくしかありません（特別なコツはないと思います）。敬意のルールもしっかり覚えておきましょう。念のため、**誰に対する敬意か**を確認しておきます。

▼**尊敬語**↓動作主（「〜ガ・ハ」にあたる人）への敬意
▼**謙譲語**↓動作の受け手（「〜ニ・ヲ・ヘ・カラ」にあたる人）への敬意
▼**丁寧語**↓聞き手への敬意（会話文の場合）・読者への敬意（地の文の場合）

a、「奉り」（**19 たてまつる（奉る）**）は、連用形の「恋ひ」（終止形は「恋ふ」）の下に付いているので、謙譲の補助動詞です。「北の方せちに泣き恋ひ奉り給ふ」は、「北の方はひたすらに（帥殿を）泣き慕い申し上げなさる」の意で、謙譲語は動作の受け手への敬意を表すので、帥殿に対する敬意です。

b、「聞こえ」（**15 きこゆ（聞こゆ）**）は、連用形の「思ひ」に付いているので、謙譲の補助動詞です。「見聞き奉る人々もやすからず思ひ聞こえたり」は、「（北の方を）見聞き申し上げる人々も心配に思い申し上げた」の意で、動作の受け手である北の方に対する敬意です。

c、「おはし」（**11 おはす**）は、尊敬の本動詞です。「いみじう忍びて夜中におはしたれば」は、「（帥殿が）たいそう人目を忍んで夜中にいらっしゃったので」の意で、尊敬語は動作主への敬意を表すので、動作主である帥殿に対する敬意です。

d、「奉り」（**19 たてまつる（奉る）**）は、連用形の「かきおろし」に付いているので、謙譲の補助動詞です。「上は、……おましながらかきおろし奉りける」は、「北の方は、……敷物のままお降ろし申し上げた」の意で、「北の方」は主語でなく、目的語つまり動作の受け手です。したがって、北の方に対する敬意です。

e、「給ひ」（**20 たまふ（給ふ）**）は、四段活用の連用形で、連用形の「聞こえ」に付いているので、尊敬の補助動詞です。「泣く泣く聞こえ給ひて」は、文脈から「泣きながら（北の方は帥殿に）申し上げなさって」の意で、動作主である北の方に対する敬意です。なお、下二段活用の謙譲語の「給ふ」もねらわれますので、注意しましょう。以上から、正解は②となります。

問3 これはかなり思考力の試される問題で、あえて言えば、**本文の行間を読む必要**があります。傍線部Aは、受験生が自力で解釈できるような箇所でなく、選択肢を見て、「ああこういうことか」とわかるかどうかです。第一段落では、重病の母北の方が息子の帥殿（伊周）に会いたがっていることが、話題の中心です。「**『いかなるべきことにか』と思ひまはせど**」は、北の方の兄弟たちが、北の方の望みをどうしたものかと思案したということですが、その結果、気の毒に思ったというのでなく、「**いと恐ろし**」と思っていることに注意しましょう。①は、「**北の方の望み**」に言及しているので、話題をしっかり踏まえています。「**伊周を入京させたならば、困惑すべき事態を招くのではないか**」は、どうでしょうか。伊周は今、播磨（現在の兵庫県南西部）に配流されています。つまり流罪人です。朝廷の許可を得たうえで入京するのならいいですが、本文からそれは読み取れません（実際、最終段落に「**いみじう忍びて**」とあり、人目を忍んでこっそり入京しています）。傍線部Aで、北の方の兄弟たちは、流罪人の伊周を朝廷に無断で入京させることを考えたようです。でも、それが仮に道長側に知られたらどうなるでしょう。リード文に「**藤原道長との政争**」とあるように、両者は対立の関係にあります。伊周の入京が露見したら道長からいっそう重い罪に問われることは、容易に想像できるでしょう。「**いと恐ろし**」とは、そうなる事態を恐れたものと読み取れます。①の「**困惑すべき事態**」とは、**伊周が道長からいっそう重い罪に問われる事態**（さらに**言えば、北の方や中宮、自分たちにまで累が及ぶ事態**）ということです。思考力をうまく働かせましょう。正解は①となります。②は、まったく根拠がありません（常識的にもあり得ないことです）。③の場合、地獄に落ちるのは北の方の兄弟たちになりますが、これもまったく読み取れません。④は選ぶ人がいると思いますが、「**恐ろし**」の内容には該当していません。④は北の方の死を心配する内容であり、もしもそうなら、本文は「**恐ろし**」でなく「おぼつかなし」（＝気がかりだ）などになるはずです。⑤は前半はいいのですが、「**北の方の病状がかえって悪化するのではないか**」とは読み取れません。普通に考えたら、その逆のはずです。

最後に、本文の後の話を少しします。実はこのあと密告者が出て、伊周は結局、道長側に見つかってしまいます。流罪地を勝手に抜け出した罪によって、今度は九州の大宰府へと流罪になり、政治的には完全に失脚することになりました。母の北の方は、伊周が大宰府へ流罪になった後、悲嘆に沈みながらまもなく亡くなります。『栄花物語』は共通テスト一年目の２０２１年度にも出題されましたが（第四部・第1講）、それも悲しい場面でした。『栄花物語』は、藤原道長の栄華を賞賛することを主題としますが、ほかにも多くの人々の人生の悲哀を叙情的に描いています。

《通釈》播磨からも但馬からも、毎日のように使者が参上してくる。北の方のご病状はますます重くなってしまったので、（帥殿に会いたいと思う気持ち以外に）ほかのことはない。「帥殿をもう一度見申し上げてから死にたい死にたい」ということを、（北の方は）寝ても覚めてもおっしゃるので、中宮様もたいそう気の毒なことにお思いになり、北の方のご兄弟の人たちも、「どうしたらよいことだろうか」と思案するけれども、やはり、（帥殿を入京させることは）たいそう恐ろしい。北の方は、ひたすら（帥殿を）泣き慕い申し上げなさる。（北の方を）見聞き申し上げる人々も、心配に思い申し上げた。

さて、中宮様の居所（である実家）では事の露見があるに違いないので、この西の京の西院という所に、（帥殿が）たいそう人目を忍んで夜中にいらっしゃったので、北の方も中宮様もたいそう人目を忍んでそこにいらっしゃってお会いになった。母北の方も、中宮様も、お方々（＝定子の妹たち）も、帥殿も見交わし申し上げなさって、また、今さらのご対面の喜びのお涙も、たいそう仰々しいほど並々でない。北の方は、うまくお車にお乗せ申し上げて、お敷物のままお降ろし申し上げたのだった。（北の方は）たいそう前後不覚で正気もなくなってしまったご様子だったけれども、あれこれと口やかましく泣きながら（帥殿に）申し上げなさって、「今はもう安心して死ぬこともできそうですよ」と、お喜び申し上げなさるのも、どうしていいかげんなことで（あろうか、いやいいかげんなことではない）。心打たれて悲しいという言葉ではありきたりなことだよ。

補問 次は『大和物語』から、結構入試で出題されている一節です。歌人の壬生忠岑（みぶのただみね）が、巧みな和歌を詠んだので、左大臣から禄（ろく）（＝褒美（ほうび））をもらった、という話です。次の傍線部の語が誰の誰に対する敬意を表すか、考えてみてください。

忠岑も禄たまはりなどしけり。

⇩ **183 たまはる（賜はる・給はる）**は、「受く」の謙譲語で、「**いただく・頂戴する**」の意です。したがって、「忠岑も褒美を（左大臣から）いただきなどした。」と解釈できます。まず、**地の文**で使われているので、**作者からの敬意**になります。次に、「たまはる」は謙譲語なので、動作の受け手への敬意になります。では、動作の受け手は誰でしょう。忠岑が褒美をいただいたので、忠岑が動作の受け手のように見えるかもしれませんが、忠岑が褒美をいただいたのだから、あくまで忠岑は動作主です。動作の受け手は、褒美を与えた左大臣のほうで、**左大臣への敬意**が正解です。謙譲語は動作の受け手（「〜ニ・ヲ・ヘ・カラ」にあたる人）への敬意を表しますが、**「たまはる」の場合は「〜から」にあたる人への敬意を表す**点に注意が必要です。敬語は一つ一つ理解していくのが大切です。

最後についでの話をしておきましょう。『大和物語』は平安時代前期の歌物語で、いろいろな歌人の逸話が紹介されています。今回の逸話はこうです。忠岑の主人である泉大将が、酒に酔っ払ったまま、左大臣の藤原時平邸を突然訪問しました。時の最高権力者だった時平は、泉大将の失礼な行動に機嫌を悪くしますが、忠岑が即興で巧みな和歌を詠んで弁解したので、時平はころっと機嫌を直しました。そんなわけで、忠岑は左大臣の時平から褒美をもらったのです。話の主題は、忠岑の**当意即妙の機知**でした（P70参照）。ちなみに、壬生忠岑は『古今和歌集』の撰者の一人です。

問題17

次の文章は、『山路の露』の一節である。男君との恋愛関係のもつれに悩んで姿を消した女君は、やがて出家し、ある山里でひっそりと暮らしていた。女君の生存を伝え聞いた男君は、女君の弟（本文では「童」）を使いとして何度か手紙を送ったが、女君は取り合わなかった。本文は、あきらめきれない男君が女君の住む山里を訪ねる場面から始まる。これを読んで、後の問いに答えよ。（㊥）

夕霧たちこめて、道いとたどたどしけれども、深き心をしるべにて、急ぎわたり給ふも、(ア)かつはあやしく、今はそのかひあるまじきを、と思せども、ありし世の夢語りをだに語り合はせまほしう、行く先急がるる御心地になむ。（中略）

我ひとり入り給ふ。小柴といふもの(イ)はかなくしなしたるも、同じことなれど、いとなつかしく、よしある様なり。妻戸も開きて、いまだ人の起きたるにや、と見ゆれば、しげりたる前栽のもとよりつたひよりて、

……

問1　傍線部(ア)・(イ)の解釈として最も適当なものを、次の各群の①〜⑤のうちから、それぞれ一つずつ選べ。

(ア)　かつはあやしく
① 一方では不思議で　② 一方では不愉快で
③ 一方では不気味で　④ そのうえ不体裁で
⑤ そのうえ不都合で

(イ)　はかなくしなしたる
① かわいらしく飾ってある　② 崩れそうな様子である
③ 形ばかりしつらえてある　④ こぎれいに手入れしてある
⑤ いつのまにか枯れている

問2 二重傍線部「ありし世の夢語りをだに語り合はせまほしう、行く先急がるる御心地になむ」の語句や表現に関する説明として最も適当なものを、次の①〜⑤のうちから一つ選べ。

① 「ありし世の夢語り」には、二人の仲は前世からの縁であるはずだと、男君が夢想していたことが表現されている。

② 「だに」は「まほしう」と呼応して、男君がわずかな望みにもすがりたいような心境であったことを表現している。

③ 「語り合はせ」の「せ」は使役の意味で、男君が女君自身の口から事情を説明させようとしていることを表現している。

④ 「急がるる」の「るる」は可能の意味で、女君のためなら暗い山道を行くこともいとわない男君の決意を表現している。

⑤ 「なむ」の後には「侍らめ」が省略されているが、それをあえて書かないことで余韻をもたせた表現になっている。

解答・解説・現代語訳

本問は、2021年度共通テストの本試験第2日程の問題です（**問3**以降は略）。**問1**は、語句の解釈問題です。**問2**は、**「語句や表現」に関する問題**です。単独の文法問題に代わる設問と位置づけられますが、あえて言えば、構文問題と言って差しつかえないと私は思います。

問1 (ア) これは基本古語の問題です。「**かつ（は）**」は、**古文単語へのアプローチ**にいちいち載せませんでしたが、「一方で（は）」の意で、基本的に一語一訳主義で覚えておいて済む単語です。それに対して、「**あやし**」はかなり注意を要する単語です。

33 あやし〔形容詞〕 ❶奇妙だ・不思議だ（↓こと） ❷身分が低い・下賤だ（↓人） ❸粗末だ・みすぼらしい（↓物）

「**あやし**」は、何（事柄・人・物）について言っているかによって、❶〜❸の意味を判断します。例えば、「あやしき海人（あま）ども」なら「身分が低い漁師たち」の意、「あやしき家」なら「粗末な家」の意です。ここでは、構文分析をすると、「**急ぎわたり給ふ**（こと）」が「**あやしく**」という主語・述語の関係なので、❶の意味となります。よって、正解は①です。男君は女君への「**深き心**」を頼りに急いで会いに行こうとするのですが、その一方で、そこまでする**自分を不思議に感じている**、ということだと思います。でも、ややわかりにくいところです。

問1 (イ) 傍線部には重要単語の「**はかなし**」が含まれています。

134 はかなし〔形容詞〕 ❶頼りない ❷つまらない・ちょっとした

135 はかばかし ❶しっかりしている

の対義語で、しっかりしていない感じを言う語です。右に挙げた訳語は代表的なものに過ぎず、文脈に応じて柔軟に意味を考えてください。さて、この解釈問題は、「**はかなく**」の意味だけがポイントではありません。傍線部を構文分析して、「**しなし**」が他動詞で、それの目的語が「**小柴といふもの**」とわかるかどうかも問われています（P75 満点のコツその3 **構文分析と要素の具体化**）。「しなし」は、聞きなれない語だったと思いますが、四段動詞「しなす」の連用形で、「し為し」や「し成し」と漢字をあてて考えるとよく（「し無し」ではありません）、「する」や「作る」という意味を強めた語です。「**小柴**」は「小柴垣」の略で、簡単に言えば「垣根」のことです。「**たる**」は完了・存続の助動詞「たり」の連体形です。したがって、「**小柴とい**

ふものはかなくしなしたる」は、「小柴という垣根をちょっと作ってある（設けている）」くらいに訳せるので、それから③の「形ばかりしつらえてある」が正解となります。「形ばかり」は、「はかなし」の語義にもよく合っています。

問2 積極法で正解の②を選びたい問題です。②から見ていきましょう。「だに」は構文を形成する重要語法です。

193 だに〔副助詞〕 ❶～でさえ【類推】 ❷せめて～だけでも【希望の最小限】

「だに」は右の二つの意味用法があり、**古文単語へのアプローチ**のP48に見分け方のコツを述べています。❶は**「まして～」の内容を類推させる用法**で、「だに」と「まして」の呼応の構文です。例えば、親鸞（しんらん）の有名な言葉に、「善人だにこそ往生すれ、まして悪人は」（『歎異抄』）とあります。「善人だにこそ往生すれ」（＝善人でさえ往生する）と言うことで、「まして悪人は（**なおさら往生する**）」という内容を類推させています。❷は、**願望・意志・命令・仮定の表現と呼応する構文の用法**で、「何々は無理でも、せめて～だけでも、どうこうしたい」などと、**最小限の希望**を表します。傍線部では、「だに」が「まほしう」（希望の助動詞「まほし」の連用形ウ音便）と呼応して、「**（女君とよりを戻す話などは無理としても、）せめて昔の思い出話だけでも語り合わせたく**」と解釈できます。

したがって、②の「わずかな望みにもすがりたいような心境」は適切です。「だに」の用法をしっかり理解していたら、「ありし世の夢語り」がよくわからなくても、正解の②は積極法で選べます。①は、一見もっともらしい内容ですが、「二人の仲は前世からの縁であるはずだ」が間違いです。**36 ありし**〔連体詞〕は「**以前の・かつての・昔の**」の意で（文脈によっては「前世の」の意もあります）、ここでの「ありし世の夢語り」は、「**以前の（交際していた）ときの夢のようなはかない（日々の）話**」くらいの意味です。でも、この解釈は難しいでしょう。

③〜⑤は消去しやすい選択肢です。③は、「せ」の文法が厄介ですが、この「せ」に使役の意味はありません。「語り合はせ」で一語です（下二段動詞「語り合はす」の未然形）。「**女君自身の口から事情を説明させようとしている**」も読み取れない内容で、不適切です。④は、「るる」は可能でなく、自発の意味です。また、「決意」もやや言い過ぎで、「やむにやまれぬ気持ち」くらいではないでしょうか。⑤は、「侍らめ」（「め」は推量の助動詞「む」の已然形）が明確な間違いです。「**なむ**」は強意の係助詞で、下に結びの語が省略されていますが、「**なむ**」の結びは**連体形**になります。ここでは、単純に「ある」を補うのがいいでしょう。

さて、**問3**以降の設問を省いたのですが、残る設問は次の通りでした。

問3　この文章の男君の行動や心境についての説明として最も適当なものを、次の①〜⑤のうちから一つ選べ。

問4　この文章の女君の心境についての説明として適当なものを、次の①〜⑤のうちから**二つ**選べ。

問5　この文章では、「月」がたびたび描かれ、登場人物を照らし、和歌にも詠まれている。それぞれの場面についての説明として適当なものを、次の①〜⑥のうちから**二つ**選べ。

このように、**問3**から**問5**までが**傍線部の付かない問題**でした。この場合の解き方の要領について、簡単に触れておきます。各選択肢の語句や内容を手がかりにして、本文の該当箇所を探して見つけたうえで、選択肢の説明が、本文の該当箇所の正しい解釈に基づくものかどうか、判断する必要があります（P75 **満点のコツその6** **該当箇所の把握と解釈力が決め手**）。したがって、**該当箇所**（**つまり根拠の箇所**）を正しく解釈できる力が求められている、ということです。やはり満点を取るためのカギは、**小手先のテクニックでなく**、**解釈力**にあります。2021年度の共通テスト本試験第2日程の問題にアクセスできる人は、**問3**から**問5**までぜひ解いてみてください。

《通釈》夕方の霧が立ちこめて、道（の足元）がとても心もとないけれども、（男君は）深い（自分の）心を道案内役にして（＝一途に会いたいと思うあまりに）、急いで（女君の住む山里に）出かけなさるのも、一方では不思議な気もして、（女君が出家した）今となっては会う甲斐もあるはずがないのに、とお思いになるけれども、（もはや復縁を求める話をすることは無理にしても）せめてかつての（交際していた）ときの夢のようなはかない（日々の）話だけでも語り合わせたくて、行き先が自然と急がれるお気持ちである。

（男君は）自分一人（屋敷の中に）お入りになる。小柴という（低い柴の）垣根を形ばかりしつらえてあるのも、（どこも）同じことだけれども、たいそう心ひかれて、風情のある様子である。妻戸も開いたままで、まだ人が起きているのであろうか、と見えるので、茂った庭の草木のもとからつたって寄って行って、……

補問「はかなし」は、他の年度でも、**問1**の解釈問題で出題されたことがあります。夫の十七回忌を迎え、亡夫の法事を明日に控えて、作者は次のように振り返ります。選択肢を選んでみてください。（『井関隆子日記』㊥）

いでや<u>はかなくも</u>月日のたちけるかな。

① あっという間に　② なにごともなく　③ むなしくも　④ いいかげんに　⑤ 心細くも

⇩「はかなくも」が「月日のたちけるかな」に係っていることに着目します（P75 **満点のコツその1 言葉の係り受けを考える**）。月日の経ち方に関する意味はどれかと考えると、①の「あっという間に」が適切だと判断できます。「はかなし」の語義にもなんとなく合っているでしょう。①が正解です。②は「無事に」という意味合いだと思いますが、これは「はかなし」の語義に合いません。作者は夫を亡くした身なので、③や⑤ではないかと考える人もいると思いますが、夫の死後、ずっとそういう気持ちで過ごしてきたかは不明です。傍線部の連用修飾関係に意味的なつながりが強いので、やはりその観点から解釈するのが妥当です。

トレーニングの最後に、和歌の問題も一問だけ扱っておきましょう。

傍線部「あらし」において用いられている修辞法と同じ技法を含む和歌を、次の①～⑤のうちから一つ選べ。（『堤中納言物語』団）

いとふ身はつれなきものを憂きことをあらしに散れる木の葉なりけり

① 思ひわびさても命はあるものを憂きにたへぬは涙なりけり
② 見渡せば柳桜をこきまぜて都ぞ春の錦（にしき）なりける
③ 恋すてふわが名はまだき立ちにけり人しれずこそ思ひそめしか
④ いとせめて恋しきときはむばたまの夜の衣を返してぞ着る
⑤ こぬ人をまつほの浦の夕なぎに焼くやもしほの身もこがれつつ

解き方は**問題15**の**問3**と同じです（P111、**電車の乗り換えパターン**）。「あらし」が「有らじ」と「嵐」の掛詞です（「じ」は打消推量の助動詞）。掛詞では濁点の有る無しは融通がききます。歌意は「俗世を嫌うわが身は平気で生きながらえているのに、つらいことなんてないだろうに、嵐に散っている木の葉だなあ」です。掛詞が用いられている和歌は⑤で、「まつ」が「待つ」と「松」の掛詞です。「松帆（まつほ）の浦」は地名で、**地名が掛詞になりやすい**のは知っておきましょう（掛詞発見のちょっとしたコツ）。P67**和歌へのアプローチ**の「掛詞」参照。

憂きことを［あらじ／あらし／嵐］に散れる木の葉なりけり

第四部

共通テストの過去問演習

第1講 栄花物語・千載和歌集

ここから、本格的な過去問演習に入りましょう。第1講は2021年度本試験第1日程の問題です。

次の文章は、『栄花物語』の一節である。藤原長家（本文では「中納言殿」）の妻が亡くなり、親族らが亡骸（なきがら）をゆかりの寺（法住寺（ほうじゅうじ））に移す場面から始まっている。これを読んで、後の問い（問1〜5）に答えよ。（配点 50）

大北の方も、(注1)この殿ばらも、またおしかへし臥（ふ）しまろばせたまふ。これをだに悲しくゆゆしきことにいはでは、また何ごとをかはと見えたり。さて(注2)御車の後（しり）に、(注3)大納言殿、中納言殿、さるべき人々は歩ませたまふ。いへばおろかにて、(ア)えまねびやらず。(注4)北の方の御車や、女房たちの車などひき続けたり。御供の人々など数知らず多かり。法住寺には、常の御渡りにも似ぬ御車などのさまに、(注5)僧都（そうづ）の君、御目もくれて、え見たてまつりたまはず。さて御車かきおろして、つぎて人々おりぬ。

さてこの御忌（いみ）のほどは、誰（たれ）もそこにおはしますべきなりけり。山の方をながめやらせたまふにつけても、わざとならず色々にすこしうつろひたり。鹿の鳴く音（ね）に御目もさめて、今すこし心細さまさりたまふ。(注6)宮々よりも思し慰（おぼ）むべき御消息（せうそこ）たびたびあれど、ただ今はただ夢を見たらんやうにのみ思されて過ぐしたまふ。月のいみじう明（あか）きにも、思し残させたまふことなし。内裏（うち）わたりの女房も、さまざま御消息聞こゆれども、よろしきほどは、A「今みづから」とばかり書かせたまふ。進内侍（じんのないし）と聞こゆる人、聞こえたり。

契りけん千代は涙の水底（みなそこ）に枕ばかりや浮きて見ゆらん

中納言殿の御返し、

起き臥しの契りはたえて尽きせねば枕を浮くる涙なりけり

また東宮の若宮の御乳母(めのと)の小弁(こべん)、

X　悲しさをかつは思ひも慰めよ誰もつひにはとまるべき世か

御返し、

Y　慰むる方しなければ世の中の常なきことも知られざりけり

かやうに思しのたまはせても、いでや、もののおぼゆるにこそあめれ、まして月ごろ、年ごろにもならば、思ひ忘るるやうもやあらんと、われながら心憂く思さる。何ごとにもいかでかくと(イ)めやすくおはせしものを、顔かたちよりはじめ、心ざま、手うち書き、絵などの心に入り、さいつころまで御心に入りて、うつ伏しうつ伏して描(か)きたまひしものを、この夏の絵を、枇杷殿(びはどの)にもてまゐりたりしかば、いみじう興じめでさせたまひて、納めたまひし、B よくぞもてまゐりにけるなど、思し残すことなきままに、よろづにつけて恋しくのみ思ひ出できこえさせたまふ。年ごろ書き集めさせたまひける絵物語など、(注7)みな焼けにし後(のち)、去年(こぞ)、今年のほどにし集めさせたまへるもいみじう多かりし、(ウ)里に出でなば、とり出でつつ見て慰めむと思されけり。

（注）
1　この殿ばら――故人と縁故のあった人々。
2　御車――亡骸を運ぶ車。
3　大納言殿――藤原斉信。長家の妻の父。
4　北の方――「大北の方」と同一人物。
5　僧都の君――斉信の弟で、法住寺の僧。
6　宮々――長家の姉たち。彰子や妍子（枇杷殿）ら。
7　みな焼けにし後――数年前の火事ですべて燃えてしまった後。

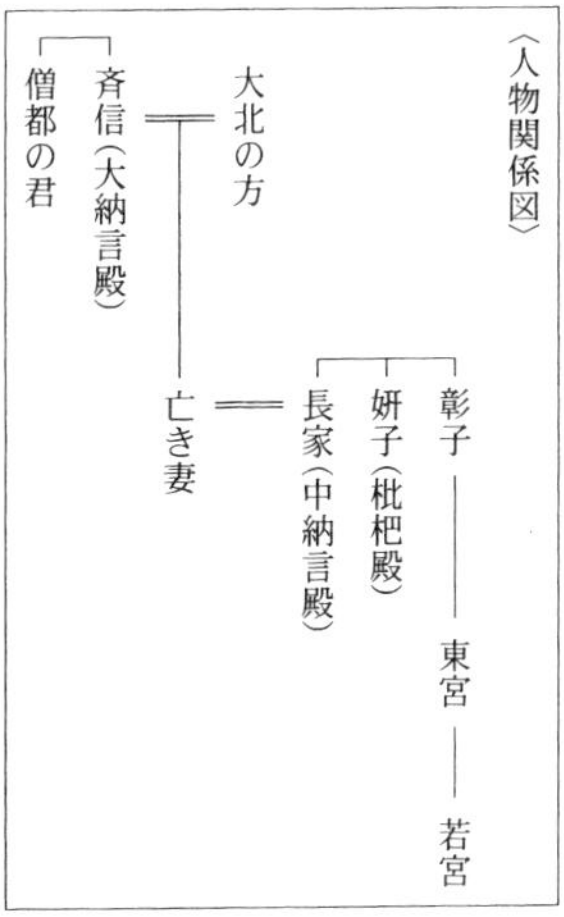

〈人物関係図〉

問1　傍線部(ア)〜(ウ)の解釈として最も適当なものを、次の各群の①〜⑤のうちから、それぞれ一つずつ選べ。

(ア)　えまねびやらず
① 信じてあげることができない
② かつて経験したことがない
③ とても真似(まね)のしようがない
④ 表現しつくすことはできない
⑤ 決して忘れることはできない

(イ)　めやすくおはせしものを
① すばらしい人柄だったのになあ
② すこやかに過ごしていらしたのになあ
③ 感じのよい人でいらっしゃったのになあ
④ 見た目のすぐれた人であったのになあ
⑤ 上手におできになったのになあ

(ウ)　里に出でなば
① 自邸に戻ったときには
② 旧都に引っ越した日には
③ 山里に隠棲(いんせい)するつもりなので
④ 妻の実家から立ち去るので
⑤ 故郷に帰るとすぐに

問2　傍線部A「『今みづから』とばかり書かせたまふ」とあるが、長家がそのような対応をしたのはなぜか。その理由の説明として最も適当なものを、次の①〜⑤のうちから一つ選べ。
① 並一通りの関わりしかない人からのおくやみの手紙に対してまで、丁寧な返事をする心の余裕がなかったから。

② 妻と仲のよかった女房たちには、この悲しみが自然と薄れるまでは返事を待ってほしいと伝えたかったから。

③ 心のこもったおくやみの手紙に対しては、表現を十分練って返事をする必要があり、少し待ってほしかったから。

④ 見舞客の対応で忙しかったが、いくらか時間ができた時には、ほんの一言ならば返事を書くことができたから。

⑤ 大切な相手からのおくやみの手紙に対しては、すぐに自らお礼の挨拶にうかがわなければならないと考えたから。

問3　傍線部B「よくぞもてまゐりにけるなど、思し残すことなきままに、よろづにつけて恋しくのみ思ひ出できこえさせたまふ」の語句や表現に関する説明として最も適当なものを、次の①〜⑤のうちから一つ選べ。

① 「よくぞ……ける」は、妻の描いた絵を枇杷殿へ献上していたことを振り返って、そうしておいてよかったと、長家がしみじみと感じていることを表している。

② 「思し残すことなき」は、妻とともに過ごした日々に後悔はないという長家の気持ちを表している。

③ 「ままに」は「それでもやはり」という意味で、長家が妻の死を受け入れたつもりでも、なお悲しみを払拭することができずに苦悩していることを表している。

④ 「よろづにつけて」は、妻の描いた絵物語のすべてが焼失してしまったことに対する長家の悲しみを強調している。

⑤ 「思ひ出できこえさせたまふ」の「させ」は使役の意味で、ともに亡き妻のことを懐かしんでほしいと、長家が枇杷殿に強く訴えていることを表している。

問4　この文章の登場人物についての説明として最も適当なものを、次の①～⑤のうちから一つ選べ。

① 親族たちが悲しみのあまりに取り乱している中で、「大北の方」だけは冷静さを保って人々に指示を与えていた。

② 「僧都の君」は涙があふれて長家の妻の亡骸を直視できないほどであったが、気丈に振る舞い亡骸を車から降ろした。

③ 長家は秋の終わりの寂しい風景を目にするたびに、妻を亡くしたことが夢であってくれればよいと思っていた。

④ 「進内侍」は長家の妻が亡くなったことを深く悲しみ、自分も枕が浮くほど涙を流していると嘆く歌を贈った。

⑤ 長家の亡き妻は容貌もすばらしく、字が上手なことに加え、絵にもたいそう関心が深く生前は熱心に描いていた。

問5　次に示す【文章】を読み、その内容を踏まえて、X・Y・Zの三首の和歌についての説明として適当なものを、後の①～⑥のうちから二つ選べ。ただし、解答の順序は問わない。

【文章】

『栄花物語』の和歌Xと同じ歌は、『千載和歌集』にも記されている。妻を失って悲しむ長家のもとへ届けられたという状況も同一である。しかし、『千載和歌集』では、それに対する長家の返歌は、

Z　誰もみなとまるべきにはあらねども後る(おく)るほどはなほぞ悲しき

となっており、同じ和歌Xに対する返歌の表現や内容が、『千載和歌集』の和歌Zと『栄花物語』の和歌Yとでは異なる。『栄花物語』では、和歌X・Yのやりとりを経て、長家が内省を深めてゆく様子が描かれている。

①　和歌Xは、妻を失った長家の悲しみを深くは理解していない、ありきたりなおくやみの歌であり、「悲しみをきっぱり忘れなさい」と安易に言ってしまっている部分に、その誠意のなさが露呈してしまっている。

②　和歌Xが、世の中は無常で誰しも永遠に生きることはできないということを詠んでいるのに対して、和歌Zはその内容をあえて肯定することで、妻に先立たれてしまった悲しみをなんとか慰めようとしている。

③　和歌Xが、誰でもいつかは必ず死ぬ身なのだからと言って長家を慰めようとしているのに対して、和歌Zはひとまずそれに同意を示したうえで、それでも妻を亡くした今は悲しくてならないと訴えている。

④　和歌Zが、「誰も」「とまるべき」「悲し」など和歌Xと同じ言葉を用いることで、悲しみを癒やしてくれたことへの感謝を表現しているのに対して、和歌Yはそれらを用いないことで、和歌Xの励ましを拒む姿勢を表明している。

⑤　和歌Yは、長家を励まそうとした和歌Xに対して私の心を癒やすことのできる人などいないと反発した歌であり、長家が他人の干渉をわずらわしく思い、亡き妻との思い出の世界に閉じこもってゆくという文脈につながっている。

⑥　和歌Yは、世の無常のことなど今は考えられないと詠んだ歌だが、そう詠んだことでかえってこの世の無常を意識してしまった長家が、いつかは妻への思いも薄れてゆくのではないかと恐れ、妻を深く追慕してゆく契機となっている。

第四部　第1講　第2講　第3講

解説講義

平安時代の歴史物語である『栄花物語』からの出題です。全体的に文章レベルが高くて、私も最初に問題を解いたとき、そんなにすらすらとは解釈できませんでした。みなさんも全文解釈にこだわる必要はなく、設問ごとに要所要所を押さえて、そこだけはできるだけ正しく解釈することです。

解答と配点

問1 (ア)＝④ (イ)＝③ (ウ)＝① (各5点) 問2 ① (7点) 問3 ① (6点) 問4 ⑤ (6点)
問5 ③・⑥ (各8点)

問1 (ア) 正解④

まずは第一段落の冒頭から傍線部(ア)までの文脈を押さえましょう。リード文も参考にして、長家の亡き妻の親族たちが、ひどく悲しみながら、亡骸を運ぶ車の後ろにつき従っていると把握します。「**悲しくゆゆしき**」とあるので、みんなひどく悲しんでいるのだとさえわかれば、文脈的には十分です。では傍線部(ア)に取りかかりますが、これの解釈のアプローチには二通りあります。一つ目は通常のやり方で、**傍線部を逐語訳し、それと同じ解釈になる選択肢を選ぶやり方**です。もちろんそれができて正解の④を選べれば、何の問題もありませんが、実際は「**まねび**」が難しく、**③**を選ぶ人が多かったのではないかと思います。二つ目は、「**いへばおろかにて**」と「**えまねびやらず**」**が並列関係になっているという構文に着目して解くやり方**です。出題者のねらいが二つ目にあることは間違いなく、私は選択肢を見てさっと気がつきました。

でもまずは一つ目の、傍線部を品詞分解するやり方で解いてみましょう。「**え〜ず**」は呼応していて、不可能を表します。これは問題ないはずです。

次に、「**まねび**」は「**まねぶ**」で、これが一番のポイントになります。載っている単語帳もあるようですが、重要古語とまでは言えません。

6　え〔副詞〕**～打消　～できない**【不可能】

> **まねぶ**〔動詞〕❶**真似**(まね)**をする**　❷（**見たり聞いたりしたことを**）**そのまま語り伝える**

ここでは、❶では意味不明になるので、❷の意味です（でもその意味を覚えている受験生はほとんどいないでしょう）。「やら（やる）」は、連用形に付いているので、補助動詞の用法で、「～しきる・十分に～する」の意です。しかし、細かい語法なので、特にわかる必要はありません。以上から、傍線部(ア)は、**親族らの悲しむ様子**について、「**（読者に）そのまま十分に語り伝えることはできない**」と訳せます。したがって、この逐語訳に一番近い意味の④「表現しつくすことはできない」が正解となります。しかし、傍線部(ア)自体を正確に解釈することは難しかったでしょう。

ですので、二つ目のやり方のほうが、解くためには現実的です。「**いへばおろかにて**」と「**えまねびやらず**」が**並列関係になっている**ことを把握し、それに着目します。**これら二つの語句が近い意味である**ことが推測できます。P86の**問題6**と同じパターンの問題です。**出題者は「えまねびやらず」に傍線を引いているが、実質的には「いへばおろかにて」の意味を問うている**、と見抜くのがコツです（P75 **満点のコツその2** **傍線部直前からのつながりに注意する**、**満点のコツその3** **構文分析をして要素を具体化する**）。

いへばおろかにて、(ア)えまねびやらず

↓

これが解答のヒント（ポイント）

「いへばおろかなり」は、あらかじめ知っておきたい連語です。「そう表現すると（形容が）いいかげんだ」の意から、次のような意味で使われます。

> **68　いふもおろかなり・いへばおろかなり**〔連語〕　**言葉では言い尽くせない**

したがって、傍線部(ア)は、「いへばおろかにて」とほぼ同じ意味だと判断して、④の「**表現しつくすことはできない**」を選べばよい、ということになります。出題者のねらいとしては、明らかにこちらの解き方にありました。

念のため、ほかの選択肢も見ておきます。①②⑤は明らかに×です。③の「**とても真似のしようがない**」は、「まねぶ」の語義の❶に沿った解釈ですが、これでは親族たちの悲しむ様子を真似したくても真似できない（ものまねできない）という不謹慎な話になってしまうので、×です。

最後にちょっとまじめな雑談をします。『栄花物語』は、正編三十巻・続編十巻から成る歴史物語で、正編（一〇三〇年前後の成立）の作者は赤染衛門（あかぞめえもん）という女性と考えられています。藤原道長の娘である中宮彰子に仕えた女房です。今回の本文の話は、巻二十七の万寿二年（一〇二五年）の話で、当時、赤染衛門は存命中で、この亡骸移送の様子は、衛門が見聞した話でしょう。したがって、**見聞した親族たちの悲しむ様子は、「いへばおろかにて」（＝言葉では言い尽くせなくて）、「えまねびやらず」（＝読者にそのまま十分に語り伝えることはできない）**と、衛門は述べているのです。ですので、正解の④の「表現しつくすことはできない」では、「まねぶ」の「物事をそのままの形で写し取る」という語義を反映しきれていない解釈だと思います。「書いて伝えつくすことはできない」くらいが正確なのではと、個人的には思います。受験生としては「いへばおろかにて」に着目して答えればいいのですが、④のようなゆるい意訳も解釈として正解になるので、過去問で慣れていく必要があります。

問1 (イ)　正解③

長家が亡くなった妻のことを回想している場面で、「めやすく」と「おはせ」の解釈がポイントです。「し」は過去の助動詞「き」の連体形で、「〜た」の意、「ものを」は逆接を含む詠嘆の終助詞で、「〜のになあ」の意で、これらは各選択肢で共通しています。

152　**めやす し（目安し）**〔形容詞〕　**感じがよい・見苦しくない**

多くは「見た目に感じがよい」という意味に使われますが、見た目に限定しない場合もあります。ここでは「何ごとにもいかでかくと」（＝何事にもどうしてこんなに優れているのだろうかと）とあるので、**容姿に限定しない感じのよさ**を言っています。実は「めやすし」は、センター試験の時代にも**問1**で出題されたことがあり、そのときの正解選択肢も「感じがよい」でした。

11　**おはす**〔サ変〕　**いらっしゃる**

問1では敬語の意味もよく問われるので、注意してください（**問1の解釈問題で傍線部に敬語が用いられていたら、敬語の訳出は必須です**）。「おはす」は「あり」の尊敬語で、ふつう「いらっしゃる」と訳します。以上から、正解は③の「**感じのよい人でいらっしゃったのになあ**」となります。これは積極法で選べます。④がやや紛らわしいですが、単に「であった」では「おはす」の尊敬語としての意味が出ていないので、×です。また、ここでは「何ごとにも」とあるので、外見に限定した「**見た目のすぐれた**」も実は適切でありません。①は「人柄」に限定する点や尊敬語の訳出がない点で、×です。②は「すこやかに」、⑤は「上手に」が×です。

問1 (ウ)　正解①

最後の「**思されけり**」（＝お思いになった）の主語は長家で、心内文（心の中で思った文）にかぎかっこを付けると、

「**年ごろ書き集めさせたまひける……里に出でなば、とり出でつつ見て慰めむ**」と思されけり。

となります。「（妻が）長年書き集めなさっていた絵物語などが、皆焼失してしまった後、去年、今年のうちに（妻が再び）収集なさっていた絵物語なども多く残っていたのを、**『里』に出たならば**、取り出しては見て気持ちを慰めよう」と、長家は思ったという文脈です。傍線部(ウ)にいわゆる重要古語は含まれていませんが、「里」と「なば」の解釈に注意しましょう。「**里**」は「❶**村里・人里**、❷**自宅・実家**」の二つの意味が代表的で、文脈判断が必要です。「**なば**」は、「な」が完了の助動詞「ぬ」の未然形、「ば」が順接仮定条件の接続助詞で（P58の**主要な助詞の意味用法**）、「**〜たならば**」の意です。よって、傍線部(ウ)は、『**里』に出たならば**」が逐語訳です。ところで長家は今、「**この御忌のほど**」（＝四十九日の服喪期間）で、「**ゆかりの寺**（**法住寺**）」に籠っているので、それが終われば、語義の❷の「自宅」か「実家」に帰って、亡き妻ゆかりの絵物語を見ようとしている、と解釈するのが自然です。したがって、「**自宅（実家）に帰ったならば**」くらいに解釈すると適切なところです。すると、①の「自邸」は「自宅」の言い換えとして○、「〜たときには」は「なば」（＝〜たならば）の意訳として○と判断できます（P75 **✿満点のコツその7 言い換えに注意**）。よって、①が正解となります。②の「**旧都**（＝奈良）」に「**引っ越し**」たりする理由はありませんので、②は×です。③④は、「**ので**」が×です。⑤は、「**故郷**」が漠然としているので×、「**すぐに**」も余分で×です。

最後に一言述べておきます。**記述式の現代語訳問題**であれば、傍線部(ウ)の「**なば**」は、「**〜たならば**」や「**〜たら**」と訳すのが普通です。正解の①のように、「**〜たときには**」と訳したら、文法を無視したいいかげんな訳だとみなされて、減点される可能性があります。正直やり過ぎにも思えるような意訳ですが、こうした意訳や言い換えはセンター試験の時代からよく行われており、共通テストではその傾向がより強まる可能性があります（おそらく

表現力重視の一環でしょう)。問1の解釈問題では、意味が同じであれば正解となり、文法や構文にとらわれない**表現がよく用いられます。**そして、こうした解釈力が問2以降でも必要になっていきます。とにかく過去問で慣れていきましょう。

問2 正解①

第二段落は「**御忌のほど**」(=四十九日の服喪期間)のことで、**長家は法住寺に籠っています。**さて、本問は傍線部Aの理由説明問題です。たとえば「風邪を引いたので、学校を休んだ。」のように、単純ですが、ある事柄の理由はその直前で述べられることが多いので、ここでも**傍線部Aの直前がポイントなのではないかと**見当をつけたいところです。読解のコツとしては、P75 **満点のコツその2** で述べた通りで、**特に傍線部直前からのつながりに注意する**、となります。「**内裏**(うち)**わたりの女房も、**さまざま御消息(せうそこ)聞こゆれども」(=宮中あたりの女房も、いろいろとお悔やみの手紙を中納言殿(長家)に差し上げるけれども)とあり、さらに次のように続きます。

(中納言殿は)**よろしきほどは、**「今みづから」とばかり書かせたまふ。(A)

← 根拠の箇所(ポイント)

傍線部Aの直前の「よろしきほどは」に目をつけたうえで、重要古語の「よろし」が含まれているので、それの解釈がポイントだと見抜けたかどうかです。

166 **cf. よろし**〔形容詞〕 **❶まあまあだ** **❷普通だ**

「よし—よろし—わろし—あし」の四段階評価の二番目で、❶だけでなく❷の意味もあることに注意したい古語です。すると、同じような意味として、選択肢は①の「並一通りの」に着目できます。①は、「よろしきほど」を「並一通りの関わりしかない人」と解釈していることになります。その線で考えると、「並一通りの関わりしかない人には、『今自分で』とだけ（返事を）お書きになる」のように解釈できて、長家は簡単な返事だけした、くらいにわかれば十分です。それは、①の「丁寧な返事をする心の余裕がなかったから」と言えるでしょう。こんなことは直接本文に書かれていませんが、合理的に読み取れます。正解は①です。**②～⑤は、どれも「よろし」の語義に合った解釈が示されていませんので、その時点で消去できます。**

あとはちょっと雑談です。私が最初この問題を解いたとき、直前の「よろしきほどは」が解答の根拠だとすぐに見当がつきました。そして、私の読みの第一感としては、次のような解釈がさっと浮かびました（でも苦しい解釈で間違いでしょう）。

・気分が少しましなときは、「いずれ私自ら（お礼に参ります）」とだけ（簡単な返事を）お書きになる

結局そんな内容の選択肢はありませんでしたが、選択肢の①を見て、

・並一通りの関わりしかない人には、「いずれ私自ら（お礼に参ります）」とだけ（簡単な返事を）お書きになる

と、出題者は解釈しているのがわかりました。②～⑤はどれも一見もっともらしい内容ですが、「よろし」に該当する解釈がまったく示されていないので、その点で×です。**「よろし」の語義を踏まえているのは①だけです。**したがって、私自身、①を選ぶのは簡単でした。でも、私は自力で①の「**並一通りの関わりしかない人**」のような解釈はできないですね。まったく浮かんでこないです。古文のプロでも、自力でそんな解釈ができる人はほとんどいないと思います。いくつか出ている『栄花物語』の注釈書でも、「**並一通りの関わりしかない人**」と同様の解釈をとっていて、出題者は注釈書の解釈に従ったようです。でも、私なんかは本当にその解釈で正しいのかと思うくらいで（ただ①以外にうまく成り立つ解釈は出てこなくて、私自身、正解の①に反論はできません）、ここは非常に難解な箇所だと思います。ですから、受験生のみなさんにとってはなおさらでしょう。解くには割り切りが必要で、**まずは傍線部A直前の「よろしき」を押さえ、「よろし」に「まあまあだ」とか「普通だ」の意味があるのを覚えておけば、①の「並一通りの」に着目できるので、それだなと目星をつけて、①を選べたら十分です。**でも逆に言えば、「よろし」の意味を知らないと、判断の決め手を欠いてしまい、正解するのが難しい問題でした。

問3 正解①

共通テストでは、単独の文法問題は出ずに、**「語句や表現に関する」説明問題が出題され、この中で文法事項も問われる**と考えられます。あえて言えば、構文問題と言って差しつかえないと思います。今回の出題形式は、傍線部を各パーツに切って、それぞれの説明文が正しいかどうかを問うものです。私は正解の①を積極法であっさり選べましたが、②を選んだ受験生が多かったと聞いています。確かに②が紛らわしい感じがするので、積極法で正解の①を選びたいところです。少なくとも傍線部Bの「**ける**」が詠嘆の用法とわかれば、①は多少なりとも選びやすくなったはずです。傍線部Bの「よくぞ…ける」は「**よくぞ（妻の描いた絵を枇杷殿に）持って参上したことだなあ**」の意で、「そうしておいてよかった」という①の説明は適切です。ただし、文法的には結構深い内容が含まれているので、以下で詳しく見ていきましょう。

まず、①〜⑤のすべてに「長家」の語があるので、傍線部Bは、中納言殿である長家が思い出している事柄だとわかります。そして、正解の①の判断については、次のページで示すように「　」を付けて、その中が長家の心内文だと把握するのが大切です。会話文や心内文は、「**人名、**」「**接続助詞、**」「。」**の直後**から、「　」を付けられることが多く、「**と**」「**とて**」「**など**」**の直前**で、「　」を付けられるのが普通です。図示すると、次のようになります。

人名、　　　　　　　　　　　　と
接続助詞、 }「…………」{ とて
…………。　　　　　　　　　　など

ちょっとした読解のコツです。

そして、「**よくぞもてまゐりにける**」だけでなく、「**絵などの心に入り、……納めたまひし**」の正確な解釈も実は求められています。正解の①の判断には文法ポイントがあり、**尊敬語や謙譲語の敬語法**と、**過去の助動詞「き」や「けり」の用法**が問われていたのですが、それに気づいた受験生はあまり多くなかったと思います。敬語について、次のページでは尊敬語をS、謙譲語をKとして分類します。

「（妻は）何ごとにもいかでかくとめやすくおはせしものを、……絵などの心に入りて、うつ伏しうつ伏して描きたまひしものを、（私が）この（妻の描いた）夏の絵を、枇杷殿（＝妍子）にもてまゐりたりしかば、（枇杷殿は）いみじう興じめでさせたまひて、納めたまひし、（私は）よくぞもてまゐりにける」など、思し残すことなきままに、（中納言殿は）よろづにつけて恋しくのみ思ひ出できこえさせたまふ。

長家の心内文がどこから始まるのかは、明確にわかる必要はありません。また、心内文の内容も、自力ですべてわかる必要はありません。選択肢から亡き妻のことを偲んでいる場面だとわかるでしょう。あとは、①を見て、「ああそういうことか」と納得できるかどうかです。「何ごとにもいかでかくとめやすくおはせしものを、……うつ伏しうつ伏して描きたまひしものを」は、内容から考えて、**主語は長家の妻**と判断できます。**妻はとりわけ絵を描くことが好きだった**とわかります。**長家の妻には尊敬語の「おはせ」と「たまひ」が用いられている**ことに着目しましょう。その一方で、「この（妻の描いた）夏の絵を、枇杷殿にもてまゐりたりしかば」には、謙譲語の「まゐり」だけが用いられ、**尊敬語が用いられていないので、その主語は長家の妻ではない**と判断したいところです（長家の妻の動作なら尊敬語を用いるはずです）。そうなると、心の中で思っている「私」つまり長家自身が主語だと判断できます（自分には普通、尊敬語を用いません）。「いみじう興じめでさせたまひて、納めたまひし」は、**二重尊敬の「させたまひ」や尊敬語の「たまひ」が用いられている**ので、**主語は枇杷殿（妍子）**と判断できます（「枇杷殿に」からの流れも押さえましょう）。「よくぞもてまゐりにける」は、これも謙譲語だけで尊敬語が用い**られていない**ので、主語は長家自身と判断できます。

次に、助動詞「き」と「けり」の用法もチェックしましょう（P50の**主要な助動詞の意味用法**）。「き」は直接体験過去を表すことが多く、**昔、自分はこうした、自分にこんなことがあった**という場合によく使われます（ただし「き」の主語は自分とは限りませんので注意してください）。一方、「けり」は伝聞過去のほか、詠嘆の用法があり、詠嘆の場合、**ある事柄に今初めて気づいた**という意味合いでよく使われます。「めやすくおはせしものを」、「描きたまひしものを」、「もてまゐりたりしかば」、「納めたまひし」には、過去の助動詞「き」が使われています。妻は何事にも優れていて、妻の描いた夏の絵を、長家が枇杷殿に持って参上したところ、枇杷殿がたいそうほめて納めてくれたことまでが、**長家の体験した妻存命中の過去の事柄**として書かれています。したがって、①の「妻の描いた絵を枇杷殿へ献上していた」は、正しく文脈を踏まえていて適切です。「よくぞもてまゐりにける」は、この「ける」が詠嘆の用法であることに注意しましょう。P50の**主要な助動詞の意味用法**に書いた通りで、**心内文中にあり、しかも「よくぞ（副詞＋係助詞）」と呼応していて、詠嘆の用法と判断できます**。したがって、「よくぞもてまゐりにける」は、「（我ながら）**よくぞ持って参上したことだなあ**」と、今改めて過去の自分の行為を肯定しています。したがって、①の「振り返って、そうしておいてよかった」という説明も適切です。①の「しみじみと感じている」は、「**よくぞ……ける**」の**詠嘆的な心情説明**として適切と言えるでしょう。ここでは急に長家と枇杷殿との関係が描かれていて、読みがやや混乱するところですが、やはり①は積極法で選びたい選択肢でした。あと、一点、補足しておきます。みなさん、「き」と「けり」は過去の助動詞と習っていると思います。確かにそうなのですが、やや専門的には、「き」も「けり」も過去のことを回想する（振り返る）助動詞として、**回想の助動詞**とも言います。①の「**振り返って**」という言い方は、そのあたりのことを含んだものと思います。以上、長々と正解の①について解説しましたが、**隠れ文法問題**と言えます。

②「**後悔はない**」が×です。「**思し残すことなき**」は、長家が妻と過ごした日々をすべて残らず思い出したことを言ったものです。「**思し残すことなきままに**」＝「**よろづにつけて**」ということです。心内文の内容からも、「**後悔はない**」という長家の心情は読み取れません。②は文脈から×と判断できれば十分です。

③「**それでもやはり**」が×です。「**ままに**」は「〜につけて・〜にまかせて」くらいの意味です。

④「**すべてが焼失してしまった**」が無関係で×です。

⑤「**使役**」が×で、尊敬です。また、「**ともに**」以降の説明も明らかに×です。

第四部 第1講 第2講 第3講

問4 正解⑤

傍線部の付かない、登場人物に関する内容合致問題です。本文における人物の登場順に選択肢が並べられているので、本文の該当箇所は把握しやすかったはずです。ただし、紛らわしい選択肢がいくつかあるので、**消去法でなく積極法で正解の⑤を選びましょう**。それで十分です。⑤は、傍線部(イ)の直後の「**顔かたち**（＝容貌）よりはじめ、**心ざま**（がすばらしく）、**手**（＝文字）**うち書き**、**絵などの心に入り**、**さいつころまで**（＝先頃まで）**御心に入りて、うつ伏しうつ伏して描きたまひしものを**」の正確な解釈に基づく説明になっています。単語は次の二語を押さえましょう。⑤自体の判断は難しくないはずです。

73 かたち〔名詞〕容貌・容姿

114 て（手）〔名詞〕❶文字・筆跡　（❶以外の意味はP36参照）

①「『**大北の方**』**だけは**」以降が明らかに×。大北の方も、他の親族と同様に、「**臥しまろばせたまふ**」（＝倒れ伏し転びなさる）とあって、取り乱しています。

②これはかなり紛らわしく感じる選択肢ですが、細かく見ていくと、いくつか間違いがあります。まず、僧都の君が直視できないのは、「**長家の妻の亡骸**」でなく、それを運ぶ車でしょう。また、「**気丈に振る舞い**」とまでは読み取れません。さらに、「**亡骸を車から降ろした**」も×です。「**かきおろす**」は、「❶（人や物を）抱えて下ろす、❷（牛車から牛をはずして）轅（ながえ）（＝牛車で使う二本の棒）を地面に下ろす」の意ですが、ここでは「**御車かきおろして**」とあるので、❷の意味です（本文の後に、亡骸を乗せたままの牛車を安置所に納めたという記述がありす）。あと、僧都の君が「**御車かきおろし**」たわけではありません。僧都の君の動作には尊敬語の「たまふ」が使われているので、「**御車かきおろし**」たのは、誰か従者たちでしょう。

③まず「**～たびに**」が×です。また、「**夢であってくれればよい**」も×です。第二段落に「**ただ今はただ夢を見**

たらんやうにのみ思されて」とあります。単に夢を見ているだけのように思った、ということです。

④これも紛らわしい選択肢ですが、「自分も枕が浮くほど涙を流している」が×です。「らん」は、現在目に見えていない事柄について推量する、現在推量の助動詞なので（P51の**主要な助動詞の意味用法**）、今頃「枕が浮くほど涙を流している」だろうと、**中納言殿（長家）の様子を推測しています**。進内侍の和歌は、「涙（なみだ）」に「無み」（＝無いので）の意を掛けて（P68の**和歌へのアプローチ**「AをBみ」の構文）、「（連れ添おうと）誓ったという千年は続くことがなかったので、（あなた様の）涙の（あふれる流れの）水底に枕だけが浮いて見えていることでしょうか」という意味です。受験生には本当に難解な和歌です。

問5 正解③・⑥

『栄花物語』の**X**と**Y**の和歌に、『千載和歌集』の**Z**の和歌を組み合わせて、三首の和歌を比較読解する問題ですが、特別な対策をしていなくても、**基本古語・文法を身につけていれば解ける問題**でした。絶対に落とせない問題です。解けなかった人は、おそらく時間が足りなかった人でしょう。**X**・**Y**・**Z**の三首の和歌は、どれも易しめな部類に入りますが、解釈上の注意すべき点がいくつかあります。まずは三首の和歌を簡単に解釈しておきましょう。

Xは、小弁という女房が長家に贈った和歌です。命令形の「慰めよ」でいったん文意が切れていて、三句切れになっています。「**とまるべき世か**」の「か」は、疑問でなく反語の用法と判断したいです。歌意は、「（悲しむばかりでなく）悲しさを一方では思い慰めてください。**誰も永遠にとどまることのできるこの世でしょうか、いえそうではありません**」です。この反語の解釈は、解答するうえで重要ポイントです。

Yは、長家の返歌です。歌意は、「（自分の悲しさを）慰める方法がないので、**この世が無常なことも理解できないなあ**」です。「世の中の常なきこと」（＝この世の無常・はかなさ）とは、具体的には長家の妻の死を指しています。したがって、**自分の妻の死を理解できない（実感できない）**と言っているのです。

Zは、**Y**に代わる長家の返歌です。単語は「後（おく）るる」を押さえましょう。

60 おくる（後る・遅る）〔下二段〕死におくれる・先立たれる

歌意は、「誰も皆（この世に）とどまることはできないけれども、（妻に）先立たれて独り残される間はやはり悲しいことです」となります。

では、選択肢を順に見ていきましょう。①～③はすべて「和歌Xは（和歌Xが）」から始まっているので、①～③から一つ選び、④～⑥からもう一つ選ぶのだろうと見当がつきます。

①「深くは理解していない」「ありきたりな」「安易に」「その誠意のなさ」などがすべて×です。和歌Xには、長家の悲しみに思いを寄せつつ、死はこの世の定めなのだから、もう心を慰めてください、という励ましの気持ちが感じられます。

②和歌Xの説明は適切です。しかし、和歌Zの説明については、順接の「～ことで」が、逆接の接続助詞「ども」に合っていません。また、「悲しみをなんとか慰めようとしている」が×です。「なほぞ悲しき」（＝やはり悲しい）とあるので、長家は悲しさばかりを実感しています。

③正解です。これは積極法で選べます。XとZの和歌をそれぞれ適切に説明しています。特に紛らわしくありません。「ひとまずそれに同意を示したうえで」は、和歌Xの「誰もつひにはとまるべき世か」に対して、和歌Zで「誰もみなとまるべきにはあらね」と同意しています。「それでも」は、和歌Zの逆接の接続助詞「ども」に合っています。

④まず「悲しみを癒やしてくれた」が×です。和歌Zでは「なほぞ悲しき」（＝やはり悲しい）とあるので、悲しみは癒やされていません。「感謝」も×でしょう。また、和歌Yについて、「励ましを拒む」は言い過ぎで、それも×でしょう。あと、同じ言葉を用いたかどうかで、ZとYの和歌の心情の違いを説明していますが、それも適切ではありません。

⑤まず「できる人」の「人」が×です。「慰むる方」の「方」は「人」の意でなく、「方法」の意です。「反発し

た」も言い過ぎで、不適切です。さらに、「**他人の干渉をわずらわしく思い**」が読み取れない内容で、×です。

⑥正解です。これは消去法で選べたら十分です（④と⑤は明確に消去できるので、⑥が残ります）。「**和歌Yは、世の無常のことなど今は考えられないと詠んだ歌だが**」は、まったくその通り。**妻が死んだなんて、理解できない（実感できない）**という歌でした。次に、「**そう詠んだことでかえってこの世の無常を意識してしまった**」が難しいところですが、「**かやうに思しのたまはせても、いでや、もののおぼゆるにこそあめれ**」に合致していると判断できます。「**もののおぼゆる**」は「分別がつく」という意味ですが、ここでは結局、**妻の死を理解せざるを得ない（実感してしまう）**ということでしょう。つまり、「**この世の無常を意識してしまった**」ことになります。次に、「**いつかは妻への思いも薄れてゆくのではないかと恐れ**」は、「**まして月ごろ、年ごろにもならば、思ひ忘るるやうもやあらんと、われながら心憂く思さる**」を踏まえて適切です。「**妻を深く追慕してゆく契機となっている**」も、**傍線部B**に「**恋しくのみ思ひ出できこえさせたまふ**」とあることから、適切です。

通釈

大北の方（＝斉信の妻で故人の母）も、この（故人と縁故のあった）殿方たちも、また何度も倒れ転びなさる（＝ひどく泣き悲しむさまを言ったもの）。これ（＝大北の方たちが倒れるような状況）をさえ悲しく忌まわしいことに言わなければ、ほかに何事を（そう言えようか、いや言えまい）と見えた。そうして（亡骸を運ぶ）お車の後ろに、大納言殿（＝斉信）、中納言殿（＝長家）、しかるべき（縁故のある）人々はお歩きになる。（悲しむ人々の様子は）言葉では言い尽くせなくて、（読者に）そのまま十分に伝えることはできない。大北の方のお車や、女房たちの車などをその後ろに続けた。お供の人々などは数もわからないくらい多い。（亡骸を移す）法住寺では、普段のお越しにも似つかないお車などの様子に、僧都の君（＝斉信の弟）は、（涙で）お目も暗くなって、（亡骸を乗せたお車を）見申し上げなさることができない。そして（従者たちが亡骸を乗せた）お車から牛をはずして車の轅（ながえ）を下ろして、続いて（ほかの車の）人々が降りた。

さてこの御喪中の（四十九日の）間は、誰もが法住寺にお籠りになるはずの予定であった。（中納言殿は）山の方をはるかに眺めなさるにつけても、自然と（山の樹木は）いろいろな色に少し色づいて（紅葉して）いる。鹿が鳴く声にお目も覚めて、（中納言殿は）もう少し心細さが募りなさる。宮々（＝長家の姉たち）からも（中納言殿が）思い慰みなさるに違いないお手紙が度々届けられるが、（中納言殿は）今はちょうど夢を見ているようにばかりお思いになってお過ごしになる。月がたいそう明るいことにつけても、（中納言殿は）思い残しなさることはない（＝もの思いの限りをお尽くしになる）。宮中あたりの女房も、さまざまにお手紙を差し上げるけれども、（中納言殿は）並一通りの関わり程度（の女房）には、「いずれ私自ら（お礼に参ります）」とだけ（返事の手紙を）お書きになる。（しかし、次のように、並一通り以上の関係がある女房には返事をお書きになった。）進内侍と申し上げる女房が、（次の和歌を）差し上げた。

（連れ添おうと）誓ったという千年は続くことがなかったので、（あなた様の）涙の（あふれる）水底に枕だけが浮いて見えていることでしょうか。

中納言殿のご返事、

（千年も一緒に）起き臥ししようという誓いは途絶えて、（悲しさばかりが）尽きないので、枕を浮かせる（ほどあふれる）涙なのだなあ。

また東宮の若宮のお乳母の小弁が、

（悲しむばかりでなく）悲しさを一方では思い慰めてください。誰も永遠にとどまることのできるこの世でしょうか、いえそうではありません。

（中納言殿の）ご返事、

（自分の悲しさを）慰める方法もないので、この世が無常なこともわからないことだなあ。

このように（中納言殿は）お思いになり、またおっしゃっても、「それにしてもまあ、ものの分別がつくことでもあるようだ、（今でさえそうだが）まして数か月、数年にもなったら、（妻を亡くした悲しさを）忘却することもあるのだろうか」と、自分ながら情けなくお思いにならずにいられない。「（妻は）何事にもどうしてこんなに（優れ）ているのだろうか）と感じがよくていらっしゃったのになあ、（妻は）顔容貌を始めとして、気立て（がよく）、字を（上手に）書き、絵などが好きで、最近まで熱心になって、うつ伏しうつ伏ししながら描きなさっていたのになあ、（妻がお描きになった）この夏の絵を、（私が）枇杷殿（＝妍子）に持って参上したところ、（枇杷殿は）たいそう面白がりお褒めなさって、納めなさったが、よくぞ持って参上したことだなあ」などと、思い残しなさることがないままに、すべてにつけて（亡き妻を）恋しくばかり思い出し申し上げなさる。「（妻が）何年も書き集めなさった絵物語などが、すべて（数年前の火事で）焼けてしまった後、去年や今年のうちに書き集めなさっている物もたいそう多かった（その絵物語などを）、自邸に帰ったら、取り出しては見て気慰めにしよう」と（中納言殿は）お思いになった。

第2講　増鏡・とはずがたり

第2講の問題は、2022年度本試験のものです。

次の【文章Ⅰ】は、鎌倉時代の歴史を描いた『増鏡』の一節、【文章Ⅱ】は、後深草院（ごふかくさ）に親しく仕える二条という女性が書いた『とはずがたり』の一節である。どちらの文章も、後深草院（本文では「院」）が異母妹である前斎宮（さいぐう）（本文では「斎宮」）に恋慕する場面を描いたものであり、【文章Ⅰ】の内容は、【文章Ⅱ】の7行目以降を踏まえて書かれている。【文章Ⅰ】と【文章Ⅱ】を読んで、後の問い（問1～4）に答えよ。なお、設問の都合で【文章Ⅱ】の本文の上に行数を付してある。（配点　50）

【文章Ⅰ】

院も我が御方にかへりて、うちやすませ給（たま）へれど、(ア)まどろまれ給はず。ありつる御面影、心にかかりておぼえ給ふぞいとわりなき。「(注1)さしはへて聞こえむも、人聞きよろしかるまじ。いかがはせむ」と思（おぼ）し乱る。御はらからといへど、年月よそにて生ひたち給へれば、うとうとしくならひ給へるままに、Aつつましき御思ひも薄くやありけむ、なほひたぶるにいぶせくてやみなむは、あかず口惜しと思す。けしからぬ御本性（ほんじやう）なりや。

(注2)なにがしの大納言の女（むすめ）、御身近く召し使ふ人、かの(注3)斎宮にも、さるべきゆかりありて睦（むつ）ましく参りなるるを召し寄せて、

「なれなれしきまでは思ひ寄らず。ただ少しけ近き程にて、思ふ心の片端を聞こえむ。かく折よき事もいと難かるべし」

とBせちにまめだちてのたまへば、いかがたばかりけむ、夢うつつともなく近づき聞こえ給へれば、いと心憂

しと思せど、あえかに消えまどひなどはし給はず。

【文章Ⅱ】

斎宮は二十に余り給ふ。(イ)ねびととのひたる御さま、(注4)神もなごりを慕ひ給ひけるもことわりに、花といはば、桜にたとへても、よそ目はいかがとあやまたれ、(注5)霞の袖を重ぬるひまもいかにせましと思ひぬべき御ありさまなれば、まして(注6)くまなき御心の内は、いつしかいかなる御物思ひの種にかと、よそも御心苦しくぞおぼえさせ給ひし。

御物語ありて、(注7)神路(かみぢ)の山の御物語など、絶え絶え聞こえ給ひて、

「今宵はいたう更け侍(はべ)りぬ。のどかに、明日は(注8)嵐の山の禿(かぶろ)なる梢(こずゑ)どもも御覧じて、御帰りあれ」

など申させ給ひて、我が御方へ入らせ給ひて、いつしか、

「いかがすべき、いかがすべき」

と仰せあり。思ひつることよと、をかしくてあれば、

「(注9)幼くより参りししるしに、このこと申しかなへたらむ、まめやかに心ざしありと思はむ」

など仰せありて、やがて御使(つかひ)に参る。ただ(ウ)おほかたなるやうに、「御対面うれしく。御旅寝すさまじくや」などにて、忍びつつ文あり、(注10)氷襲(こほりがさね)の薄様(うすやう)にや、

「知られじな今しも見つる面影のやがて心にかかりけりとは」

更けぬれば、御前なる人もみな寄り臥(ふ)したる。御主(ぬし)も(注11)小几帳(こぎちやう)引き寄せて、御殿籠(とのごも)りたるなりけり。近く参りて、事のやう奏すれば、御顔うち赤めて、いと物ものたまはず、文も見るとしもなくて、うち置き給ひぬ。

「何とか申すべき」

と申せば、

「思ひ寄らぬ御言の葉は、何と申すべき方もなくて」

とばかりにて、また寝給ひぬるも心やましければ、帰り参りて、このよしを申す。

「ただ、寝たまふらむ所へ導け、導け」

と責めさせ給ふもむつかしければ、御供に参らむことはやすくこそ、しるべして参る。(注12)甘(かん)の御衣(ぞ)などはことごとしければ、御(注13)大口(おほくち)ばかりにて、忍びつつ入らせ給ふ。

まづ先に参りて、御障子をやをら開けたれば、ありつるままにて御殿籠りたる。御前なる人も寝入りぬるにや、音する人もなく、(注14)小(ち)さらかに這(は)ひ入らせ給ひぬる後、いかなる御事どもかありけむ。

（注）
1 さしはへて —— わざわざ。
2 なにがしの大納言の女 —— 二条を指す。二条は【文章Ⅱ】の作者である。
3 斎宮 —— 伊勢神宮に奉仕する未婚の皇族女性。天皇の即位ごとに選ばれる。
4 神もなごりを慕ひ給ひける —— 斎宮を退きながらも、帰京せずにしばらく伊勢にとどまっていたことを指す。
5 霞の袖を重ぬる —— 顔を袖で隠すことを指す。美しい桜の花を霞が隠す様子にたとえる。
6 くまなき御心 —— 院の好色な心のこと。
7 神路の山の御物語 —— 伊勢神宮に奉仕していた頃の思い出話を指す。
8 嵐の山の禿なる梢ども —— 嵐山(あらしやま)の落葉した木々の梢。
9 幼くより参りし —— 二条が幼いときから院の側近くにいたことを指す。
10 氷襲の薄様 —— 「氷襲」は表裏の配色で、表も裏も白。「薄様」は紙の種類。
11 小几帳 —— 小さい几帳のこと。
12 甘の御衣 —— 上皇の平服として着用する直衣(のうし)。
13 大口 —— 束帯のときに表袴の下にはく裾口の広い下袴。
14 小さらかに —— 体を縮めて小さくして。

問1　傍線部(ア)〜(ウ)の解釈として最も適当なものを、次の各群の①〜⑤のうちから、それぞれ一つずつ選べ。

(ア)　まどろまれ給はず
① 酔いが回らずにいらっしゃる
② お眠りになることができない
③ ぼんやりなさっている場合ではない
④ お心が安まらずにいらっしゃる
⑤ 一息つこうともなさらない

(イ)　ねびととのひたる
① 将来が楽しみな
② 成熟した
③ 着飾った
④ 場に調和した
⑤ 年相応の

(ウ)　おほかたなるやうに
① 特別な感じで
② 落ち着き払って
③ ありふれた挨拶で
④ 親切心を装って
⑤ 大人らしい態度で

問2　傍線部A「つつましき御思ひも薄くやありけむ、なほひたぶるにいぶせくてやみなむは、あかず口惜しと思す」の語句や表現に関する説明として最も適当なものを、次の①〜⑤のうちから一つ選べ。

① 「つつましき御思ひ」は、兄である院と久しぶりに対面して、気恥ずかしく思っている斎宮の気持ちを表している。
② 「ありけむ」の「けむ」は過去推量の意味で、対面したときの斎宮の心中を院が想像していることを表している。
③ 「いぶせくて」は、院が斎宮への思いをとげることができずに、悶々(もんもん)とした気持ちを抱えていることを表している。
④ 「やみなむ」の「む」は意志の意味で、院が言い寄ってくるのをかわそうという斎宮の気持ちを表し

ている。

⑤「あかず口惜し」は、不満で残念だという意味で、院が斎宮の態度を物足りなく思っていることを表している。

問3 傍線部B「せちにまめだちてのたまへば」とあるが、このときの院の言動についての説明として最も適当なものを、次の①～⑤のうちから一つ選べ。

① 二条と斎宮を親しくさせてでも、斎宮を手に入れようと企(たくら)んでいるところに、院の必死さが表れている。

② 恋心を手紙で伝えることをはばかる言葉に、斎宮の身分と立場を気遣う院の思慮深さが表れている。

③ 自分の気持ちを斎宮に伝えてほしいだけだという言葉に、斎宮に対する院の誠実さが表れている。

④ この機会を逃してはなるまいと、一気に事を進めようとしているところに、院の性急さが表れている。

⑤ 自分と親密な関係になることが斎宮の利益にもなるのだと力説するところに、院の傲慢さが表れている。

問4 次に示すのは、授業で【文章Ⅰ】【文章Ⅱ】を読んだ後の、話し合いの様子である。これを読み、後の(i)～(iii)の問いに答えよ。

教　師　いま二つの文章を読みましたが、【文章Ⅰ】の内容は、【文章Ⅱ】の7行目以降に該当していました。【文章Ⅰ】は【文章Ⅱ】を資料にして書かれていますが、かなり違う点もあって、それぞれに特徴がありますね。どのような違いがあるか、みんなで考えてみましょう。

生徒A　【文章Ⅱ】のほうが、【文章Ⅰ】より臨場感がある印象かなあ。

生徒B　確かに、院の様子なんかそうかも。【文章Ⅱ】では［X］。

生徒C　ほかに、二条のコメントが多いところも特徴的だよね。【文章Ⅱ】の［Y］。普段から院の側に仕えている人の目で見たことが書かれているっていう感じがあるよ。

生徒B　そう言われると、【文章Ⅰ】では【文章Ⅱ】の面白いところが全部消されてしまっている気がする。すっきりしてまとまっているけど物足りない。

教　師　確かにそう見えるかもしれませんが、【文章Ⅰ】がどのようにして書かれたものなのかも考える必要がありますね。【文章Ⅰ】は過去の人物や出来事などを後の時代の人が書いたものです。文学史では「歴史物語」と分類されていますね。【文章Ⅱ】のように当事者の視点から書いたものではないということに注意しましょう。

生徒B　そうか、書き手の意識の違いによってそれぞれの文章に違いが生じているわけだ。

生徒A　そうすると、【文章Ⅰ】で［Z］、とまとめられるかな。

生徒C　なるほど、あえてそういうふうに書き換えたのか。

教　師　こうして丁寧に読み比べると、面白い発見につながりますね。

(i)　空欄［X］に入る最も適当なものを、次の①～④のうちから一つ選べ。

① いてもたってもいられない院の様子が、発言中で同じ言葉を繰り返しているあたりからじかに伝わってくる

② 斎宮に対する恋心と葛藤が院の中で次第に深まっていく様子が、二条との会話からありありと伝わってくる

③ 斎宮に執着する院の心の内が、斎宮の気持ちを繰り返し思いやっているところからはっきりと伝わってくる

④ 斎宮から期待通りの返事をもらった院の心躍る様子が、院の具体的な服装描写から生き生きと伝わ

ってくる

(ii) 空欄 Y に入る最も適当なものを、次の①〜④のうちから一つ選べ。

① 3行目「いつしかいかなる御物思ひの種にか」では、院の性格を知り尽くしている二条が、斎宮の容姿を見た院に、早くも好色の虫が起こり始めたであろうことに感づいている

② 9行目「思ひつることよと、をかしくてあれば」では、好色な院があの手この手で斎宮を口説こうとしているのに、世間離れした斎宮には全く通じていないことを面白がっている

③ 20行目「寝給ひぬるも心やましければ」では、院が強引な行動に出かねないことに対する注意を促すため、床についていた斎宮を起こしてしまったことに恐縮している。

④ 22行目「責めさせ給ふもむつかしければ」では、逢瀬（おうせ）の手引きをすることに慣れているはずの二条でさえ、斎宮を院のもとに導く手立てが見つからずに困惑している

(iii) 空欄 Z に入る最も適当なものを、次の①〜④のうちから一つ選べ。

① 院の斎宮への情熱的な様子を描きつつも、権威主義的で高圧的な一面を削っているのは、院を理想的な人物として印象づけて、朝廷の権威を保つように配慮しているからだろう

② 院と斎宮と二条の三者の関係性を明らかにすることで、複雑に絡み合った三人の恋心を整理しているのは、歴史的事実を知る人がわかりやすく描写しようとしているからだろう

③ 院が斎宮に送った、いつかは私になびくことになるという歌を省略したのは、神に仕えた相手との密通という事件性を弱めて、事実を抑制的に記述しようとしているからだろう

④ 院の発言を簡略化したり、二条の心情を省略したりする一方で、斎宮の心情に触れているのは、当事者全員を俯瞰（ふかん）する立場から出来事の経緯を叙述しようとしているからだろう

解説講義

第2講も第1講と同様に、本文箇所は全体的に文章レベルが高いです。**【文章Ⅰ】**の『増鏡』は、南北朝時代成立と考えられる歴史物語です。**【文章Ⅱ】**の『とはずがたり』は、それより前の鎌倉時代後期成立の女流日記文学で、作者は後深草院（もと天皇）に仕えた二条という女房です。特に**【文章Ⅱ】**はかなり難しく、私も最初解いたときには解釈に所々苦労しました。みなさんも全文解釈にこだわる必要はなく、設問ごとに解答の根拠の箇所を押さえたうえで、そこだけは正確な解釈を目指しましょう。でも一定の古語の知識は必須です。リード文に場面状況が詳しく書かれていないので、非常にわかりにくいですが、**【文章Ⅱ】**は、ある御所の中で、院が作者の二条とともに前斎宮（以下では斎宮とします）の部屋を訪れている場面から始まっています。**【文章Ⅰ】**は、院が斎宮に会った後に「我が御方」（＝自分のお部屋）に帰った場面から始まっています。

解答と配点

問1　(ア)＝②　(イ)＝②　(ウ)＝③　（各5点）　**問2**　③（7点）　**問3**　④（7点）

問4　(i)＝①　(ii)＝①　(iii)＝④　（各7点）

問1 (ア)　正解②

「まどろむ」は「**うとうと眠る**」の意なので、それだけで正解の②を選べます。これは今でも、例えば「まどろんだ夢の中で」などと使われる言葉なので、この程度の語彙力は欲しいところです。「れ給はず」の「れ」は、助動詞「る」の連用形ですが、P50の**主要な助動詞の意味用法**の文法理解が問われています。「**れ給ふ・られ給ふ**」の「れ・られ」は尊敬の用法ではなく、**受身・自発・可能のどれか**です。さらに、下に打消語の「ず」を伴っているので、**可能**の用法ではないかと見当がつきます。すると、②の「（院は）**お眠りになることができない**」と解釈できて、文脈的にも問題ありません。時間をかけずに積極法で選びましょう。

問1 (イ)　正解②

「ねぶ」は、**63 おとなし（大人し）** の関連語として、あらかじめ知っておきたい古語です。

63 cf. ねぶ〔上二段〕❶成長する・大人になる　❷年をとる・老いる

斎宮は二十歳あまりなので、ここでは❶の意味で、「**成長して（容姿が）整っている**」という逐語訳から、②の「**成熟した**」が選べます。ほかは「ねぶ」の語義に合わないので、×です。一方で、「ねぶ」の意味を知らなければ、文脈判断になりますが、その場合は③の「着飾った」が紛らわしい感じです。しかし、「**花といはば、桜にたとへても**」とあるので、**桜のように美しく成長した様子**を言ったものと判断したいです。また、女性が着飾るのは年齢に必ずしも関係しないはずで、二十歳あまりという年齢を考えれば、「**成熟した**」の方が合理的な解釈です。

問1 (ウ)　正解③

これは傍線部自体と前後の文脈をよく考える必要のある問題です。

8 回 おほかた（大方）〔副詞〕❶（下に打消語を伴い）全く〜ない　❷だいたい・一般的に

ここでは副詞でなく、「**おほかたなる**」で、形容詞「おほかたなり」の連体形です。しかし、「**おほかた**」の❷の意味から、「**おほかたなるやうに**」は「**一般的なように**」と逐語訳を試みたいところです。二条は院の「御使」として斎宮の部屋に参上し、「**御対面うれしく**。御旅寝すさまじくや」（＝**お会いできてうれしく存じます。お旅寝は興ざめでしょうね**）と、斎宮にまず挨拶しています。これは13行目の院の恋文を渡す前の、**一般的な型通りの挨拶**だと判断したいです。よって、③の「**ありふれた挨拶で**」が正解となります。③以外は「おほかたなる」の語義から外れていて、消去できます。なお、「**御対面うれしく**。**御旅寝すさまじくや**」は、二条自身の挨拶ではなく、院から託された言葉を口上で伝えたものです。でも、そのあたりの細かい点まではわかる必要はありません。

問2 正解③

「語句や表現」に関する説明問題となっていますが、**実質的には傍線部Aの解釈問題**と言えます。ただし自力で傍線部Aをすべて解釈できる必要はありません。③の「いぶせくて」の説明に沿って傍線部Aを解釈すると、うまく意味が通じるので、③が正解だと判断できます。また、③以外の選択肢が比較的消去しやすいので、消去法で③を残す手もあります。さて、リード文にある通り、**院が斎宮に恋慕する場面を描いた文章である**ことには注意しましょう。**【文章Ⅰ】**の第一段落でも「ありつる御面影、心にかかりておぼえ給ふぞいとわりなき」とあって、院は自分の部屋に戻っても、さきほど会った斎宮の面影が心に浮かんできて、どうしようもない状態です。「御はらからといへど、年月よそにて生ひたち給へれば、うとうとしくならひ給へるままに」は、**二人が（異母の）兄妹だけれども、別々に育ったので、疎遠で他人のような関係になっている**、ということです。そして、傍線部Aを含む構文分析をすると、次のように（　）や「　」を付けて考えることができます。「思す」の主語は院です。

（御はらからといへど……つつましき御思ひも薄くやありけむ、）「なほひたぶるにいぶせくてやみなむは、あかず口惜し」と思す。

では、傍線部Aを説明した各選択肢を順に見ていきましょう。

①「つつましき御思ひ」は院の思いで、「斎宮の気持ち」としているのが×です（そもそも第一段落では斎宮は直接登場していません）。

②「対面したときの斎宮の心中を院が想像している」が×です。「つつましき御思ひも薄くやありけむ、」は「（院の）遠慮がちなお気持ちも薄かったのであろうか、」の意で、右の構文分析で（　）に入れたように、これは**挿入句**です（P182、第3講の**問2**の解説参照）。他人同然に育ったので、異母妹に言い寄る気兼ねも薄かったのだろうかと、**院の心中を作者が想像しています。地の文での挿入句は作者の感想です。**

③「いぶせくて」の文脈に即した説明になっていて、③が正解です。しかし、これが適切だと判断するためには、「なほひたぶるにいぶせくてやみなむは、あかず口惜し」の部分を正しく解釈できる必要があります。「**いぶせ**

し」はマイナーな古語で、意味を知っている受験生は多くないと思います。

いぶせし〔形容詞〕 ❶**心が晴れない** ❷**気がかりだ**

仮に知っていれば、「**いぶせくて**」の解釈で、「心が晴れなくて」の言い換えとして「**悶々とした**」(＝悩み苦しむさま)は適切だと判断しやすいです。たとえ知らなくても、その意味を代入して通じるかどうか確かめると、「**なほひたぶるにいぶせくてやみなむは、**あかず口惜し」は、「**やはりひたすら悶々としたままで**(思いを打ち明けることもなく)**終わってしまうようなことは、満足できず残念だ**」と解釈して十分に通じるので、正解だと判断できます。ここまでの解釈ができなければ、もちろん消去法で構いません。

④「**やみなむ**」の「**む**」を「意志」としているのが×です。「む」の下に「**こと**」が補えるので、この「む」は**婉曲・仮定の用法**です(P51**主要な助動詞の意味用法**)。また、「**院が言い寄ってくるのをかわそうという斎宮の気持ち**」が明らかな×です。「**やみなむ**」は、文法的に説明すると、四段動詞「やむ(止む)」の連用形＋完了(強意)の助動詞「ぬ」の未然形＋推量(婉曲・仮定)の助動詞「む」の連体形で、「**やみなむは**」は「終わってしまうようなことは」や「終わってしまうとしたら」の意です。

⑤「**あかず口惜し**」の意味を「**不満で残念だ**」とするのは正しいですが、「**斎宮の態度を**」が×です。院が「あかず口惜し」と思うのは、斎宮への思いをとげられずに終わることに対してです。

問3 正解④

設問文に「**このときの院の言動**」とあるので、傍線部B直前の「なれなれしきまでは思ひ寄らず。……かく折よき事もいと難かるべし」と、傍線部B自体の「**せちにまめだちてのたまへば**」の二箇所が、解答の根拠の箇所となります。あとはそこをどれだけ正確に解釈できるかどうかです。「なれなれしきまでは思ひ寄らず。ただ少しけ近き程にて、思ふ心の片端を聞こえむ」は、「**(斎宮と)馴れ馴れしくしたいとまでは思い寄らない。ただ少し近い所**

で、思う心の一端を（斎宮に）申し上げたい」と、逐語訳ができるとよいです。次の「かく折よき事もいと難かるべし」は、「このようにタイミングのよいことも（他日では）とても難しいだろう」の意で、斎宮に思いを伝えるには今が絶好の機会だということです。すると、④の「この機会を逃してはなるまい」がその通りだと判断できます（実は④以外に院の言葉を正しく解釈したものがないので、それだけで正解の④を選べます）。④の「一気に事を進めようとしている」「院の性急さ」は、やや難しかったと思いますが、「せちにまめだちてのたまへば」（＝いちずに真剣におっしゃるので）から〇と判断しましょう。実際にすぐ後に「（斎宮に）近づき聞こえ給へれば」とあって、院は一気に事を進めています（P75 ✿満点のコツその5 後ろの文脈にうまくつながるように読む）。

「せちなり」は古文単語へのアプローチに載せませんでしたが、知っておきたい古語です。

せちなり（切なり）〔形容動詞〕 ❶切実だ・痛切だ ❷（「せちに」で）いちずに・ひたすら

感情が胸に迫ることを表す語で、心底から願うさまをよく表します。今でも「切に願う」などと言ったりします。ここでの「せちに」は、❶の「切実に」でも通じますが、❷の意味と私は見ておきます。院はいちずに、真剣になって言うのだから、④の「性急さ」を読み取ることは可能でしょう。③の選択肢が紛らわしいので、正解の④はできれば積極法で選びたいところです。

①「必死さ」は〇ですが、「二条と斎宮を親しくさせてでも」が院の言動になくて×です。すでに二条は斎宮に対して「睦ましく参りなるる」（＝親しく参り慣れている）関係にあります。

②「恋心を手紙で伝えることをはばかる言葉」とまでは言えません。また、「斎宮の身分と立場を気遣う」や「院の思慮深さ」が×です。

③紛らわしい選択肢ですが、ここでの院の言葉は「ただ少しけ近き程にて、思ふ心の片端を聞こえむ」（＝ただ少し身近な場所で、思う気持ちの一端を申し上げたい）ですので、「伝えてほしい」という依頼の言葉ではありません。「聞こえむ」の「む」は意志の用法で、斎宮の近くでみずから自分の気持ちを伝えたい、ということです。

また、「斎宮に対する院の誠実さ」が、文脈に合わずに×です。**145まめなり〔形容動詞〕❶まじめだ・誠実だ**ですが、ここでの「まめだちて」は「まじめになって」＝「本気になって・真剣に」くらいの意味合いに解釈する必要があります。**訳語の表面的な暗記だけでは得点を許さないのが共通テストです。**

⑤「自分と親密な関係になることが斎宮の利益にもなるのだ」とはまったく言っていませんので、×です。

問4は、会話形式の問題です。会話が適宜ヒントになっています。その点には注意しましょう。でも、やるべきことは同じで、**本文の必要な箇所を正しく解釈すること**です。

問4 (i) 正解①

生徒Aの発言にあるように、**【文章Ⅱ】**のほうで**臨場感**（＝その場にいる感じ）が強いのは、それが日記文学だからです（リード文には「後深草院に親しく仕える二条という女性が書いた」とあります）。**日記は作者の視点で身近なことが書かれやすい**ので、当然、文章に臨場感がよく出てきます。あとは、各選択肢を読んで判断できれば十分です。①の「**発言中で同じ言葉を繰り返している**」は、8行目「いかがすべき、いかがすべき」、21行目「導け、導け」が、解答の根拠の箇所になっています。これは確かに「いてもたってもいられない（＝じっと落ち着いていられない）院の様子」と言えます。**院の肉声や様子がじかに伝わってくるような、臨場感のある描写**です。

①は積極的に選べて、正解です。

②「**葛藤**」は読み取れませんし、「**次第に深まっていく**」も×です。斎宮に対する院の恋慕は最初から一貫して強いと言えます。

③「**斎宮の気持ちを繰り返し思いやっている**」が読み取れない内容で、×です。斎宮に対する院の恋慕は一方的なものに過ぎません。

④「**斎宮から期待通りの返事をもらった**」が×です。斎宮は、19行目にあるように「**何と申すべき方もなくて**」と言うだけで、院にまともに返事をしていません。

問4 (ii) 正解①

①が、1〜3行目に描かれた斎宮の美しい容姿を踏まえつつ、その美しい容姿を見た院について、3行目の「くまなき御心の内は、いつしかいかなる御物思ひの種にか」を適切に説明していて、正解です。注6の「院の好色な心」は絶対に見落とさないでください。「いつしか」は重要単語で、**44 いつしか**〔副詞〕**早く(〜したい・してほしい)** としていますが、ここでは「早くも」と解釈したいところです。では、「くまなき御心の内は、いつしかいかなる御物思ひの種にか」を解釈してみましょう。すると、次の二通りの解釈が考えられます。

(1) 見境(みさかい)のない(院の好色な)お心の内は、早くもどのような(院の)お思いの種であろうか(どうせまた院の好色なお心が斎宮に対して沸き起こっているのだろう)

(2) 見境のない(院の好色な)お心の内は、早くもどのような(斎宮の)お悩みの種であろうか(早速院の好色の対象になるのだろう)

私はどちらかと言うと(2)の方を支持しますが、(1)の解釈に立てば、①の「早くも好色の虫が起こり始めたであろう」は、すんなり○と判断できます。一方、(2)の解釈に立つと、①は少し選びにくくなる気がしますが、正解が①であること自体は動きません。なお、「よそも御心苦しくぞおぼえさせ給ひし」と尊敬語が用いられていますが、「くまなき御心の内は、いつしかいかなる御物思ひの種にか」は、二条の感想です(院や斎宮ではありません)。「よそも御心苦しくぞおぼえさせ給ひし」は、院政期以降の難解な敬語法で、「はた目(の私)にも(斎宮が)お気の毒に思われなさった」=「私は(斎宮を)お気の毒に思い申し上げた」の意です(このあたりは注がないので、わかりにくいですが、7行目の「申させ給ひて」までは二条が院のお供をして斎宮の部屋に伺っている場面です)。あと、①の「院の性格を知り尽くしている」についてですが、「くまなき御心の内」(=見境のない院の好色なお心の内)とはっきり書いているので、それはうかがえます。以上ですが、①の判断はかなり難しかったのではないかと思います。①の説明に好感触を持てたらよかったですが、②〜④を消去して、①を選べたらそれでも十分でしょう。解釈が微妙な箇所で、難解な敬語法も使われているので、模試なら普通ここは出すのを回避しますが、**共通テストではこれくらい出しますよ**というスタンスのようで、かなり本格的です。

②「あの手この手で」も×ですが、「**世間離れした斎宮には全く通じていない**」が明らかに×です。9行目の段階でそんな話は何もありません。「**思ひつることよと、をかしくてあれば**」は、「(院が早くも好色ぶりを示しているのが) 思った通りだよと、滑稽であるので」の意です。**2をかし** の語義がよく出ている例です。

③「**院が強引な行動に出かねないことに対する注意を促すため**」が、まったく読み取れない内容で×です。「**寝給ひぬるも心やましければ**」は、解釈が難しいですが、「(斎宮が) 寝なさったのも (これ以上返事をお願いするのは) 気がとがめるので」くらいの意だと思います。

④「斎宮を院のもとに導く」が×です。**院を斎宮のもとに導く**という場面です。また、「**手立てが見つからずに困惑している**」も×です。22行目に「**御供に参らむことはやすくこそ、しるべして参る**」(=お供に参ることは簡単で、院の案内をして斎宮のもとに参上する) とあります。「**責めさせ給ふもむつかしければ**」は、「(院が私に) 催促なさるのも煩わしいので」の意です。

問4 (iii) 正解④

最後は【**文章Ⅰ**】と【**文章Ⅱ**】を比較したうえで、【**文章Ⅰ**】をどうまとめられるかという問題です。①〜③を消去しつつ、④を積極的に評価して選びましょう。これは選択肢の順に見ていきましょう。

①この説明では【**文章Ⅱ**】における院を「**権威主義的で高圧的**」と見ていることになりますが、そこまでの見方は適切でありません。また、【**文章Ⅰ**】の説明の、「**院を理想的な人物として印象づけて**」や「**朝廷の権威を保つように配慮している**」が、「けしからぬ (=感心できない) 御本性なりや」という記述に合わず、明らかな×です。

②「**複雑に絡み合った三人の恋心を整理している**」が×です。まず【**文章Ⅱ**】では、院の斎宮に対する一方的な恋心に、二条が協力しています。【**文章Ⅰ**】でもそれは同様です。したがって、恋心を抱いているのは院だけで、斎宮と二条の気持ちを恋心と説明することはできません。

③「いつかは私になびくことになるという歌」が×です。【文章Ⅱ】の13行目の和歌を正確に解釈する必要がありますが、「お知りにならないでしょうね。たった今拝見した（あなたの）面影がそのまま（私の）心に懸かってしまったとは」という歌意です。「いつかは私になびくことになる」という含意までは読み取れません。

④【文章Ⅱ】の6・8・10・21行目の院の発言が、【文章Ⅰ】では「なれなれしきまでは……いと難かるべし」と集約化されていて、「院の発言を簡略化したり」は○です。また、【文章Ⅱ】の4行目「心苦しく」、9行目「をかしく」、20行目「心やましければ」、22行目「むつかしければ」が、【文章Ⅰ】にはなくて、「二条の心情を省略したりする」も○です。【文章Ⅰ】では「いと心憂しと思せど」とあるので、「斎宮の心情に触れている」も○です。教師の発言の「後の時代の人が書いたものです」から、「当事者全員を俯瞰（ふかん）する（＝広い視野で見渡す）立場から出来事の経緯を叙述しようとしている」も○となります。「俯瞰」という現代語の語彙力も問われています。

通釈

【文章Ⅰ】

院も自分のお部屋に帰って、ちょっとお休みになったけれども、お眠りになることができない。さっきの（斎宮の）お面影が、（院の）心にかかって思われなさるのがたいそうどうしようもない。（院は）「わざわざ（手紙で思いを）伝え申し上げるのも、外聞がよくないだろう。どうしようか」と思い乱れなさる。（院と斎宮は）ご兄妹（きょうだい）というけれども、長年離れ離れでお育ちになったので、疎遠な状態にお慣れになっているままに、（院は相手が妹だという）気が引けるお思いも薄かったのであろうか、やはりひたすら悶々（もんもん）としたままで（思いを打ち明けることもなく）終わってしまうようなことは、物足りなくて残念だとお思いになる。感心できないご性格であるよ。

誰それの大納言の娘で、（院の）ご身辺で召し使う女房で、あの斎宮にも、それ相当の縁があって親しく参り慣れている者（＝二条）を（院が）呼び寄せなさって、

「（斎宮と）馴れ馴れしくするまでは考えていない。ただ少し近い距離で、思う心の一端を（斎宮に）申し上げたい。このように機会のよいことも（今回を逃せば）非常に難しいだろう」

といちずに本気になっておっしゃるので、（二条は）どのように取り計らったのだろうか、（院は）夢か現実か区別もつかない様子で（斎宮に）近づき申し上げなさったので、（斎宮は）たいそうつらいとお思いになるけれども、か弱く消え入るようにとまどいなどはしなさらない。

【文章Ⅱ】

斎宮は二十歳あまりになっていらっしゃる。成熟したご様子は、（伊勢神宮の）神も（別れを）名残惜しくお思いになったのももっともで、花と言えば、桜にたとえても、はた目にはどうして（区別を付けられようか）と見間違えるほど（美しく）、霞が（桜を隠すように）（斎宮が）袖で顔を隠している間も（その姿をのぞき見る男性なら）どうしようかと思い乱れてしまうに違いない（美しい）ご様子なので、まして見境のない（院の好色な）お心の内は、早くもどのようなお思いの種であろうかと、はた目（の私）にも（斎宮が）お気の毒に思われなさった（＝私は斎宮をお気の毒に思い申し上げた）。

（院と斎宮は）お話をなさって、（斎宮は）伊勢神宮に奉仕していた頃の（思い出の）お話などを、とぎれとぎれに申し上げなさって、（やがて院は）

「今夜はたいそう（夜が）更けました。のんびりと、明日は嵐山の落葉した（木々の）梢をご覧になって、お帰りください」

などと申し上げなさって、自分のお部屋へお入りになって、早くも、

「（斎宮に思いを伝えるには）どうしたらいいだろうか、どうしたらいいだろうか」

と（私に）おっしゃる。思っていたことだよと、滑稽な気持ちでいると、（院は）

「幼い頃から（二条が私に）出仕した証拠として、このことを（斎宮に）申し入れて望み通りにしてくれたら、本当に忠誠心があると思おう」

などとおっしゃって、(それで私は)すぐにご使者として(斎宮のもとに)参上する。(院から託されたご伝言として)ただありふれた挨拶で、「お目にかかれてうれしく(思います)。お旅寝は興ざめでしょうね」などと言って、こっそりと(院の)手紙を渡す。氷襲の薄様(の紙)であろうか、

「お知りにならないでしょうね。たった今拝見した(あなたの)面影がそのまま(私の)心に懸かってしまったとは」

(夜が)更けたので、(斎宮の)おそばにいる女房もみな寄り添って寝ている。ご主人(の斎宮)も小さい几帳を引き寄せて、お休みになっていたのであった。(私は)近くに参上して、事の次第を(斎宮に)申し上げると(この「奏す」は「斎宮に申し上げる」という意味で使われている)、(斎宮は)お顔をちょっと赤らめて、まったく何もおっしゃらないで、手紙も見るともなくて、お置きになった。(私が)

「何と(院に)申し上げたらよいでしょうか」

と申し上げると、(斎宮は)

「思いも寄らない(院の)お歌は、何とも(ご返事を)申し上げようもなくて」

と(おっしゃる)だけで、再び寝なさったのも(これ以上ご返事を求めるのは)気がとがめるので、(院のお部屋に)帰参して、このことを申し上げる。(院が)

「とにかく、(斎宮が)寝ていらっしゃるような所へ手引きしろ、手引きしろ」

と催促なさるのも煩わしいので、(私は)お供に参るようなことはたやすくて、案内して(斎宮の部屋へと)参上する。(院は)甘の御衣などは仰々しいので、御大口(の袴)だけで、こっそりと(斎宮の部屋に)お入りになる。まずは(私が)先に参上して、お襖をそっと開けたところ、(斎宮は)さっきのままでお休みになっている。おそばにいる女房も寝入ってしまったのであろうか、声を出す人もなく、(院が)体を小さくして這ってお入りになった後で、どのような御事がいろいろあったのだろうか。

俊頼髄脳・散木奇歌集

第3講は、2023年度本試験の問題です。

次の文章は源俊頼（としより）が著した『俊頼髄脳（としよりずいのう）』の一節で、殿上人たちが、皇后寛子のために、寛子の父・藤原頼通の邸内で船遊びをしようとするところから始まる。これを読んで、後の問い（問1～4）に答えよ。なお、設問の都合で本文の段落に1～5の番号を付してある。（配点　50）

1　（注1）宮司（みやづかさ）ども集まりて、船をばいかがすべき、紅葉（もみぢ）を多くとりにやりて、船の屋形にして、（注2）船さし（ふなさし）は侍（さぶらひ）の a 若からむをさしたりければ、俄（にはか）に（注3）狩袴（かりばかま）染めなどしてきらめきけり。その日になりて、人々、皆参り集まりぬ。「御船はまうけたりや」と尋ねられければ、「皆まうけて侍り」と申して、その期（ご）になりて、（注4）島がくれより漕（こ）ぎ出でたるを見れば、なにとなく、ひた照（て）りなる船を二つ、装束（さうぞ）き出でたるけしき、いとをかしかりけり。

2　人々、皆乗り分かれて、管絃（くわんげん）の具ども、（注5）御前より申し出だして、そのことする人々、前におきて、（ア）やうやうさしまはす程に、南の普賢堂に、（注6）宇治の僧正、僧都（そうづ）の君と申しける時、御修法（みずほふ）しておはしけるに、かかることありとて、もろもろの僧たち、大人、若き、集まりて、庭にゐなみたり。童部（わらはべ）、供法師（ともほふし）にいたるまで、（注7）繡花（しうくわ）装束きて、さし退（の）きつつ群がれゐたり。

3　その中に、良暹（りやうぜん）といへる歌よみのありけるを、殿上人、見知りてあれば、「良暹がさぶらふか」と問ひければ、良暹、（注8）目もなく笑みて、平（ひら）がりてさぶらひければ、かたはらに若き僧の侍りけるが知り、「b さに侍り」と申しければ、「あれ、船に召して乗せて（注9）連歌（れんが）などせさせむは、いかがあるべき」と、いま一つの船の人々に申しあはせければ、「いかが。あるべからず。後の人や、さらでもありぬべかりけることかなとや申さむ」などありければ、さもあることとて、乗せずして、たださながら連歌などはせさせてむなど定めて、近う漕ぎよせて、「良暹、さりぬべからむ連歌などして参らせよ」と、人々申されければ、さる者にて、もしさやうのこともやあるとて、まうけたりけるにや、聞きけるままに程もなくかたはらの僧にものを言ひければ、その僧、ことごとしく歩みよりて、

「もみぢ葉のこがれて見ゆる御船かな

と申し侍るなり」と申しかけて帰りぬ。

4 人々、これを聞きて、船々に聞かせて、付けむとしけるが遅かりければ、船を漕ぐともなくて、やうやう築島をめぐりて、一めぐりの程に、付けて言はむとしけるに、え付けざりければ、むなしく過ぎにけり。「いかに」「遅し」と、たがひに船々あらそひて、二めぐりになりにけり。なほ、え付けざりければ、船を漕がで、島のかくれにて、「かへすがへすもわろきことなり、これを今まで付けぬは。日はみな暮れぬ。いかがせむずる」と、今は、付けむの心はなくて、付けでやみなむことを嘆く程に、何事も覚えずなりぬ。

5 ことごとしく管絃の物の具申しおろして船に乗せたりけるも、いささか、かきならす人もなくてやみにけり。かく言ひ沙汰する程に、普賢堂の前にそこばく多かりつる人、皆立ちにけり。人々、船よりおりて、御前にて遊ばむなど思ひけれど、このことにたがひて、皆逃げておのおの失せにけり。宮司、まうけしたりけれど、いたづらにてやみにけり。

（注）1 宮司――皇后に仕える役人。
2 船さし――船を操作する人。
3 狩袴染めなどして――「狩袴」は狩衣を着用する際の袴。これを、今回の催しにふさわしいように染めたということ。
4 島がくれ――島陰。頼通邸の庭の池には島が築造されていた。そのため、島に隠れて邸側からは見えにくいところ

がある。

5 御前より申し出だして —— 皇后寛子からお借りして。

6 宇治の僧正 —— 頼通の子、覚円。寛子の兄。寛子のために邸内の普賢堂で祈禱（きとう）をしていた。

7 繡花 —— 花模様の刺繡（ししゅう）。

8 目もなく笑みて —— 目を細めて笑って。

9 連歌 —— 五・七・五の句と七・七の句を交互に詠んでいく形態の詩歌。前の句に続けて詠むことを、句を付けるという。

問1 傍線部(ア)〜(ウ)の解釈として最も適当なものを、次の各群の①〜⑤のうちから、それぞれ一つずつ選べ。

(ア) やうやうさしまはす程に
① さりげなく池を見回すと
② あれこれ準備するうちに
③ 徐々に船を動かすうちに
④ 次第に船の方に集まると
⑤ 段々と演奏が始まるころ

(イ) ことごとしく歩みよりて
① たちまち僧侶たちの方に向かっていって
② 焦った様子で殿上人のもとに寄っていって
③ 卑屈な態度で良暹のそばに来て
④ もったいぶって船の方に近づいていって
⑤ すべてを聞いて良暹のところに行って

(ウ) かへすがへすも
① 繰り返すのも
② どう考えても
③ 句を返すのも
④ 引き返すのも
⑤ 話し合うのも

問2 波線部a〜eについて、語句と表現に関する説明として最も適当なものを、次の①〜⑤のうちから一つ選べ。

① a 「若からむ」は、「らむ」が現在推量の助動詞であり、断定的に記述することを避けた表現になっている。
② b 「さに侍り」は、「侍り」が丁寧語であり、「若き僧」から読み手への敬意を込めた表現になっている。
③ c 「まうけたりけるにや」は、「や」が疑問の係助詞であり、文中に作者の想像を挟み込んだ表現になっている。
④ d 「今まで付けぬは」は、「ぬ」が強意の助動詞であり、「人々」の驚きを強調した表現になっている。
⑤ e 「覚えずなりぬ」は、「なり」が推定の助動詞であり、今後の成り行きを読み手に予想させる表現になっている。

問3 [1]〜[3]段落についての説明として最も適当なものを、次の①〜⑤のうちから一つ選べ。

① 宮司たちは、船の飾り付けに悩み、当日になってようやくもみじの葉で飾った船を準備し始めた。

② 宇治の僧正は、船遊びの時間が迫ってきたので、祈禱を中止し、供の法師たちを庭に呼び集めた。

③ 良暹は、身分が低いため船に乗ることを辞退したが、句を求められたことには喜びを感じていた。

④ 殿上人たちは、管絃や和歌の催しだけでは後で批判されるだろうと考え、連歌も行うことにした。

⑤ 良暹のそばにいた若い僧は、殿上人たちが声をかけてきた際、かしこまる良暹に代わって答えた。

問4 次に示すのは、授業で本文を読んだ後の、話し合いの様子である。これを読んで、後の(i)～(iii)の問いに答えよ。

教　師——本文の3～5段落の内容をより深く理解するために、次の文章を読んでみましょう。これは『散木奇歌集(さんぼくきかしゅう)』の一節で、作者は本文と同じく源俊頼(としより)です。

人々あまた(注1)八幡(やはた)の御神楽(みかぐら)に参りたりけるに、こと果てて又の日、(注2)別当(べったう)法印光清(くわうせい)が堂の池の釣殿(つりどの)に人々ゐなみて遊びけるに、「光清、連歌作ることなむ得たることとおぼゆる。ただいま連歌付けばや」など申しゐたりけるに、かたのごとくとて申したりける、

釣殿の下には魚(いを)やすまざらむ　(注3)俊重(としふげ)

光清しきりに案じけれども、え付けでやみにしことなど、帰りて語りしかば、試みにとて、

(注4)うつばりの影そこに見えつつ　俊頼

(注) 1 八幡の御神楽——石清水八幡宮(いわしみずはちまんぐう)において、神をまつるために歌舞を奏する催し。
2 別当法印——「別当」はここでは石清水八幡宮の長官。「法印」は最高の僧位。
3 俊重——源俊頼の子。
4 うつばり——屋根の重みを支えるための梁(はり)。

教　師――この『散木奇歌集』の文章は、人々が集まっている場で、連歌をしたいと光清が言い出すところから始まります。その後の展開を話し合ってみましょう。

生徒A――俊重が「釣殿の」の句を詠んだけれど、光清は結局それに続く句を付けることができなかったんだね。

生徒B――そのことを聞いた父親の俊頼が俊重の句に「うつばりの」の句を付けてみせたんだ。

生徒C――そうすると、俊頼の句はどういう意味になるのかな？

生徒A――その場に合わせて詠まれた俊重の句に対して、俊頼が機転を利かせて返答をしたわけだよね。二つの句のつながりはどうなっているんだろう……。

教　師――前に授業で取り上げた「掛詞（かけことば）」に注目してみると良いですよ。

生徒B――掛詞は一つの言葉に二つ以上の意味を持たせる技法だったよね。あ、そうか、この二つの句のつながりがわかった！ X ということじゃないかな。

生徒C――なるほど、句を付けるって簡単なことじゃないんだね。うまく付けられたら楽しそうだけど。

教　師――そうですね。それでは、ここで本文の『俊頼髄脳』の 3 段落で良暹（りょうぜん）が詠んだ「もみぢ葉の」の句について考えてみましょう。

生徒A――この句は Y 。でも、この句はそれだけで完結しているわけじゃなくて、別の人がこれに続く七・七を付けることが求められていたんだ。

生徒B――そうすると、4・5段落の状況もよくわかるよ。Z ということなんだね。

教　師――良い学習ができましたね。『俊頼髄脳』のこの後の箇所では、こういうときは気負わずに句を付けるべきだ、と書かれています。ということで、次回の授業では、皆さんで連歌をしてみましょう。

(i) 空欄 X に入る発言として最も適当なものを、次の①〜④のうちから一つ選べ。

① 俊重が、皆が釣りすぎたせいで釣殿から魚の姿が消えてしまったと詠んだのに対して、俊頼は、「そこ」に「底」を掛けて、水底（みなそこ）にはそこかしこに釣針が落ちていて、昔の面影をとどめているよ、と付けている

② 俊重が、釣殿の下にいる魚は心を休めることもできないだろうかと詠んだのに対して、俊頼は、「うつばり」に「鬱」を掛けて、梁の影にあたるような場所だと、魚の気持ちも沈んでしまうよね、と付けている

③ 俊重が、「すむ」に「澄む」を掛けて、水は澄みきっているのに魚の姿は見えないと詠んだのに対して、俊頼は、「そこ」に「あなた」という意味を掛けて、そこにあなたの姿が見えたからだよ、と付けている

④ 俊重が、釣殿の下には魚が住んでいないのだろうかと詠んだのに対して、俊頼は、釣殿の「うつばり」に「針」の意味を掛けて、池の水底には釣殿の梁ならぬ釣針が映って見えるからね、と付けている

(ii) 空欄 Y に入る発言として最も適当なものを、次の①〜④のうちから一つ選べ。

① 船遊びの場にふさわしい句を求められて詠んだ句であり、「こがれて」には、葉が色づくという意味の「焦がれて」と船が漕がれるという意味の「漕がれて」が掛けられていて、紅葉に飾られた船が池を廻（めぐ）っていく様子を表している

② 寛子への恋心を伝えるために詠んだ句であり、「こがれて」には恋い焦がれるという意味が込められ、「御船」には出家した身でありながら、あてもなく海に漂う船のように恋の道に迷い込んでしまった良暹自身がたとえられている

③ 頼通や寛子を賛美するために詠んだ句であり、「もみぢ葉」は寛子の美しさを、敬語の用いられた「御船」は栄華を極めた頼通たち藤原氏を表し、順風満帆に船が出発するように、一族の将来も明るく希望に満ちていると讃えている

④ 祈禱を受けていた寛子のために詠んだ句であり、「もみぢ葉」「見ゆる」「御船」というマ行の音で始まる言葉を重ねることによって音の響きを柔らかなものに整え、寛子やこの催しの参加者の心を癒やしたいという思いを込めている

(iii) 空欄 Z に入る発言として最も適当なものを、次の①～④のうちから一つ選べ。

① 誰も次の句を付けることができなかったので、良暹を指名した責任について殿上人たちの間で言い争いが始まり、それがいつまでも終わらなかったので、もはや宴どころではなくなった

② 次の句をなかなか付けられなかった殿上人たちは、自身の無能さを自覚させられ、これでは寛子のための催しを取り仕切ることも不可能だと悟り、準備していた宴を中止にしてしまった

③ 殿上人たちは良暹の句にその場ですぐに句を付けることができず、時間が経っても池の周りを廻るばかりで、ついにはこの催しの雰囲気をしらけさせたまま帰り、宴を台無しにしてしまった

④ 殿上人たちは念入りに船遊びの準備をしていたのに、連歌を始めたせいで予定の時間を大幅に超過し、庭で待っていた人々も帰ってしまったので、せっかくの宴も殿上人たちの反省の場となった

解説講義

第3講の『俊頼髄脳』は、平安時代後期の説話的な歌論です。これも文章レベルは相当高いですね。船遊び（＝川や池に船を浮かべて、船上で詩歌管弦の遊びをすること）という場面もかなり特殊です。ここでは、注4に「頼通邸の庭の池」とあるように、摂政関白・太政大臣を歴任した藤原頼通の邸宅の庭の池での船遊びです。池は相当の大きさだったはずです。本文は登場人物の動きに注意しながら読む必要があります。テーマとしては、連歌の理解も問われています。**連歌（短連歌）とは、二人で一首の和歌を作る遊びのこと**です。設問は、**問1**（特に㋐）と**問3**が難しかったのではないかと思います。あとは標準的です。

解答と配点

問1　㋐＝③　㋑＝④　㋒＝②　（各5点）　**問2**　③　（7点）　**問3**　⑤　（7点）
問4　(i)＝④　(ii)＝①　(iii)＝③　（各7点）

問1 ㋐　正解③

まず「やうやう」は基本古語です。

> 156　**やうやう**〔副詞〕　**だんだん・次第に**

「やうやう」の語義から、①「さりげなく」、②「あれこれ」は×、③「徐々に」、④「次第に」、⑤「段々と」が○で、**③④⑤**に絞れます。次に、「**さしまはす**」はいわゆる重要古語には入りません。P74の①で示した通りで「**語義＋文脈**」に従って解釈しますが、結果的には前後の文脈があてにならなくて、語義から判断するしかありませんでした。これが㋐の難しいところです。まず構文分析をすると、「さしまはす」の主語が、「人々」なのか「**そのことする人々**」なのか、判断が難しいところでした。「さし」はいったん無視して、「**まはす」は「回す」のはず**なので、**他動詞**です。したがって「**～を回す**」と目的語をとる構文で、ここでは「船をさし回す」くらいかと考えられたら十分です（P75 **満点のコツその3** **構文分析して要素を具体化する**）。すると、③の「船を動かす」が正解だろうと見当がつきます。④の「集まる」や⑤の「始まる」は、自動詞としての解釈で、「回す」という語義に合わないので、×と判断できます。「程に」は「～うちに」の意の言い回しです。よって③が正解です。受験生としてはこれくらいの判断で十分でした。

とはいえ、「さしまはす」について、もう少し細かく解説しておきます。「**さし**」は、**言葉の調子を整えるだけの接頭語**のようにも見えますが、「**棹（さお）を水中に刺して漕ぐ**」の意の「**刺す**」の連用形と考えるのが適切です（注2の「船さし」は「**船を操作する人**」とあります）。「**まはす**（回す）」は、1段落に「**島がくれより漕ぎ出でたる**」とあるので、ここでは**池の中島に沿って船を廻らせる**ことを言います。したがって、「**さしまはす**」は、「**棹を刺して漕いで船を廻らせる**」と逐語訳できますが、「**船を漕いで回す**」くらいに解釈すればよいところです。ところが、正解の③では、「**さしまはす**」を「**船を動かす**」と解釈しているので、「**まはす**（回す）」の意味合いがよく出ていません。かなりアバウトな解釈です（ゆるい訳です）。仮に現代語訳問題で「**船を動かす**」と訳したら減点になりかねませんが、解釈としては問題ないという出題者のスタンスなのでしょう。このあたりはとにかく過去問で慣れていく必要があります。

最後に、私がこの問題を初めて解いたとき、このように解きましたよ、という視点も紹介しておきましょう。まず傍線部をさっと見て、「**やうやう**」の語義から③④⑤に絞り、「**さしまはす**」は他動詞なので「**船を動かす**」と目的語を補っている③が正解だとすぐに見当がつきました。とはいえ、**問1**は「**語義＋文脈**」で解くのが原則なので（P74参照）、直前からのつながりもチェックしました。2段落の出だしに「**人々、皆乗り分かれて**」とありますが、この「**人々**」とは、リード文にある「**殿上人たち**」のことです。殿上人は中下級の貴族で、敬語待遇されるのが普通ですが、たとえば[3]段落でも「**殿上人、見知りてあれば、『良暹がさぶらふか』と問ひければ**」などと、殿上人の動作に尊敬語が用いられていません。それがこの文章の読みにくいところです。「**人々、皆乗り分かれて、管絃の具ども、御前より申し出だして**」は、「**殿上人たちが、全員二艘の船に分乗して、楽器を、皇后寛子様からお借り申し上げて**」の意です。「**そのことする人々**」は「**楽器の演奏をする人々**」のことだろうと、私は考えました（これはその通りです）。そして、「**そのことする人々、前におきて**」は、「**演奏する人々が、（楽器を）手前に置いて**」と、私は解釈しました。そのつながりからは、⑤の「**段々と演奏が始まるころ**」もあり得るのかと考えました。したがって、語義からは③、文脈からは⑤となるので、私は本気で困りました…。でも「**まはす**」に「**始まる**」という意味はないので、⑤は選べません。結局③を選ぶことはできましたが、私にとってはかなり紛らわしい問題でした。実は「**演奏する人々が、（楽器を）手前に置いて**」という解釈は間違いでした。P16のQ&A23の「接続助詞『て』の前後では主語はほとんど変わらない」の通り、「**人々**（=殿上人たち）、**皆乗り分かれて**、**管絃の具ども、御前より申し出だして**、**そのことする人々、前におきて**、**やうやうさしまはす程に**」は、すべて主語を「**人々**（=殿上人たち）」と考えるべきでした。そうすると、「**殿上人たちが、全員二艘の船に分乗して、楽器を、皇后寛子様からお借り申し上げて、演奏する人々を、手前に**（=船の前方に）**置いて……**」が正しい解釈になります。しかし、仮にその解釈ができたとしても、⑤の「**段々と演奏が始まるころ**」はやはり紛らわしくて、選んでも仕方のない気がします。結局のところ、**この問題は、しっかり構文分析をして、「さしまはす」が他動詞であることから判断するのがポイントでした。**

問1 (イ) 正解④

「ことごとし」は、**古文単語へのアプローチ**には載せていませんが、重要古語の一つです。「**事々し**」と漢字表記できるので、「大事（おおごと）だ」という語感です。

ことごとし〔形容詞〕 **大げさだ・仰々しい**

「大げさだ」という意味で覚えている受験生は比較的多いと思いますが、**言い換え勝負の問題です**（P75 **満点のコツその7 言い換えに注意**・P13のQ&A16も参照）。この語義に該当する選択肢は、④の「もったいぶって（＝わざと重々しい態度で）」しかないので、年配の私はさっと④が正解だとわかりました。しかし、若い世代の人には「もったいぶって」は聞きなれないかもしれません。「大げさだ」という意味は覚えていても、それの言い換えとして「もったいぶって」を積極法で選べる受験生は多くないはずです。したがって、①「たちまち」、②「焦った様子で」、③「卑屈な態度で」、⑤「すべてを聞いて」は、どれも「ことごとし」の「大げさだ」という意味に合っていないので、消去法で④が選べたら十分でしょう。もちろん、「歩みよりて」の解釈からも絞っていけますが、誰のもとに歩み寄るのか、判断は簡単でありません。**登場人物の位置関係**を正しく把握しておく必要があり、**殿上人たちは船の上、良暹と「かたはらの（＝そばの）僧」は庭**にいます。そして、**そばの僧が、殿上人たちの乗る船に近づいて、良暹の連歌の上の句を取り次ぐ場面です**。それからは②と④に絞れることになりますが、限られた時間の中で、ここまで本文を正確に解釈するのは簡単でないと思います。②と④に絞れたら、あとは②の「焦った様子で」が「大げさに」という意味から外れていると判断して、④が残せればいいでしょう。

問1 ㋒　正解②

いわゆる重要単語には入りませんが、今でも使う言い回しが問われました。

かへすがへす（返す返す）（も）〔副詞〕 ❶繰り返し・何度も ❷本当に・まったく

右のような意味ですが、あらかじめ覚えておくべき単語ではありません。文脈判断できれば十分です。4段落では、良暹の上の句に対して、「人々」（＝殿上人たち）が下の句を付けようとしたのですが、「え付けざりければ」（＝**付句をすることができなかったので**）、それで「かへすがへすもわろきことなり」（＝本当によくないことだ）と言ったという場面です。**強調の❷の語義で解釈できれば**、正解の②「どう考えても」は選べるでしょう。なお、

第四部　第1講　第2講　第3講

もう少し構文分析を厳密にしておくと、「かへすがへすもわろきことなり、これを今まで付けぬは。」は、「これを今まで付けぬは、かへすがへすもわろきことなり。」が**倒置された形**です。倒置を見抜ければ、もっと正しく解釈しやすかったでしょう。「**これを今まで付けぬは**」は、「**良暹の連歌を今でも付けられないことは**」から、「**良暹の上の句に対して、今になっても下の句を付けられないことは**」と解釈できます。「**それは本当に（＝どう考えても）よくないことだ**」と殿上人たちは言っているのです。やや選びやすいのは①ですが、あてはめても苦しい解釈になります。また、そもそも「**かへすがへす（も）**」は副詞なので、「**繰り返す**」という動詞の意味はありません。③④⑤は明らかに×です。

ちなみに、私自身の視点も紹介しておきましょう。現代語でも同じですが、「返す返す（も）」は副詞です。選択肢の中で副詞っぽい意味とみなせるのは②だけです。②以外はどれも、「動詞」＋「のも（＝ことも）」の語構成で、明らかに副詞ではありません。したがって、さっと②が正解と見当がつきます。あとは文脈も確認すればいいわけです。

問2　正解③

「語句と表現」に関する説明の問題ですが、文法が絡んでいて、正解の③について言えば、これは**構文の問題**とも言えるでしょう。正解の③の波線部**c**のところから見ていきます。「**人々申されければ**」は、「（良暹は）**聞きけるままに程もなくかたはらの僧にものを言ひければ**」に係っているので、

人々申されければ、

（さる者にて、もしさやうのこともやあるとて、まうけたりけるにや、）

聞きけるままに程もなくかたはらの僧にものを言ひければ、

のように、（　）にくくれて、その箇所がいわゆる**挿入句**になっています。それがわかれば、③を選ぶことができます。挿入句は**挟み込み**とも言い、**地の文で作者が（あるいは会話文で話し手が）文中で自分の感想を述べた**

句のことを言います。挿入句の形としては、次の四つ（傍線部分）が代表的です。この形をとる係助詞「や」「か」は、基本的に反語でなく**疑問の用法**になります。❶❷の「**けむ**」は「**む**」になる場合もあります。❸❹の場合、「**にや**」や「**にか**」の下には「**あらむ**」などを補って考えます。なお、挿入句は文頭にくる場合もあります。

❶〜や〜けむ、……。　❷〜か〜けむ、……。　訳 〜だったのだろうか、……。
❸〜にや、……。　❹〜にか、……。　訳 〜であろうか、……。

波線部**c**では、「にや、」の形に注目します。下に「あらむ」を補って考えます。ここの挿入句は結構長いですが、「**（良暹は）それ相当の才能のある人物で、ひょっとしてそのような（連歌を求められる）こともあるかと思って（あらかじめ上の句を）用意していたのであろうか、**」と解釈できるところです。正解するためのポイントを述べますと、まず**挿入句について学んだことがあるかどうか**。ないと③は選びにくいかもしれません。あとは「**挟み込んだ表現**」が挿入句の言い換えだと理解することです。正解の③を見ていると、**共通テストの古文は、従来の文法だけでなく、構文（文章構造）も問うてくる**と言えそうです。以下に残りの選択肢も一応確認しておきましょう。

① 「『らむ』が現在推量の助動詞であり」が×です（P63**識別問題へのアプローチ**「らむ」）。「若から」で区切り、形容詞「若し」の未然形です。助動詞「む」は婉曲の用法で、「む」の下に「侍」を補えます。ちなみに「侍の」の「の」は同格の用法です。

② 「読み手」（＝読者）が×で、正しくは聞き手である「殿上人」への敬意です。「『侍り』が丁寧語であり」は正しく、会話文で丁寧語が使われる場合は、話し手から聞き手への敬意となります（P65**誰から誰への敬意か**）。

④ 「強意」が×で、正しくは「打消」です。本文は、「これを今まで付けぬは、かへすがへすもわろきことなり。」が倒置された形です。「ぬ」は、下に体言の「こと」を補えるので、打消の助動詞「ず」の連体形です（P60**識別問題へのアプローチ**「ぬ・ね」）。

⑤ 「推定の助動詞」が×で、正しくは「動詞」（四段動詞「なる」の連用形）です。「**ずなり**」の形をとる「な

り」は、センター試験時代から何度も出題されていて、「ず」は終止形でなく連用形、「なり」は動詞、と覚えておくのが得策です（**P61識別問題へのアプローチ**「なり」③）。でも文法としてはかなり細かい事項です。

問3 正解⑤

傍線部のない問題で、1～3段落についての内容合致問題と言えます。**各選択肢の本文該当箇所を押さえたうえで、各選択肢が本文該当箇所の正しい解釈に基づく内容かどうか、チェックしましょう**（P75 **満点のコツその6 該当箇所の把握と解釈力が決め手**）。内容合致問題は、本文の記述の順番通りに選択肢が並べられるのが普通ですが、今回はそうでありませんでした。**その点で難易度の高い問題です。**本問は選択肢の順に見ていきます。

①1段落の内容に関係しますが、「当日になってようやく……船を準備し始めた」が×です。「その日」には宮司たちが「**皆まうけて侍り**」（＝すべて準備できております）と言っているので、当日の前に船の準備はすでに終えています。単語は **144まうく〔下二段〕 ❶準備する・用意する** を押さえましょう。

②2段落の内容に関係しますが、「**祈禱を中止し**」や「**呼び集めた**」が×です。宇治の僧正が「**御修法**」を中止したとまでは読み取れません。また、宇治の僧正が他の僧たちを呼び集めたとは書いていません。

③3段落の内容に関係しますが、「**良暹は、身分が低いため船に乗ることを辞退した**」が×です。「あれ、船に召して乗せて連歌などせさせむは、いかがあるべき」は、船に乗った「**殿上人**」の発言で、「**あの良暹を、船に呼んで乗せて連歌などをさせたら、どうだろうか**」と、「いま一つの船の人々」（＝もう一艘の船の殿上人たち）に提案したものです。それに対して、「いかが。あるべからず。後の人や、さらでもありぬべかりけることかなとや申さむ」は、もう一艘の船の殿上人たちの返事で、「**（良暹を船に乗せるのは）どうか。とんでもない。後世の人が、そうしなくてもよかったことだなあと申すでしょうか（申すでしょうよ）**」と言って、**良暹を船に乗せてまで連歌をさせる必要はないと**意見したものです。しかし、この返事を良暹の発言だと誤解してしまうと、その場合は、良暹みずからが「**船に乗ることを辞退した**」という解釈になるので、③はかなり紛らわしい選択肢になります。で

もここは「いま一つの船の人々」の返事であることは明確です。やや読解テクニック的に言えば、**接続助詞「ば」の前後で、客体が主体に入れ替わるパターン**（主体・客体交替パターン）にあてはまります（P15Q&A22参照）。必ず交替するというわけではありませんが、ここではきれいに交替しています。

殿上人、…いま一つの船の人々**に**申しあはせければ、／（いま一つの船の人々**が**）「いかが。…」などありければ、

④[3]段落の内容に関係しますが、「管絃や和歌の催しだけでは後で批判されるだろうと考え」が×です。これはまったく読み取れません。

⑤[3]段落前半の「殿上人、見知りてあれば、『良暹がさぶらふか』と問ひければ、良暹、目もなく笑みて、平がりてさぶらひければ、かたはらに若き僧の侍りけるが知り、『さに侍り』と申しければ」に合致し、⑤が正解となります。殿上人が「良暹がさぶらふか」と尋ねたのに対して、若い僧が良暹に代わって「さに侍り」と答えています。「平がる」は「平伏する」の意なので、「かしこまる」という説明も適切です。しかし、**本文の記述順に選択肢を並べるなら、⑤は本来三番目（③）に位置するはずのものでした**。したがって、⑤の本文該当箇所が見つけにくくなっていて、それを[3]段落後半の傍線部(イ)の前後にあると思い込んでしまうと、⑤の「かしこまる」や「代わって」を×と判断してしまう可能性があり、厄介です。

問4は、『俊頼髄脳』と『散木奇歌集』の二つの出典を組み合わせた設問です。どちらの文章も連歌が扱われている点で共通しています。二つの文章の登場人物や場面の内容はまったく関係がないので、強引に組み合わせた複数出典の出題と言えるでしょう。でもどちらの文章もとてもおもしろくて、内容的にすばらしい出題になっています。選択肢はどれも易しめなので、三問完答したいところです。

さて、設問のテーマは**連歌**です。注9にも説明がありますが、もう少し補足しておきましょう。連歌には短連歌と長連歌の二種類あります。**短連歌**は、**二人で一首の和歌を作る遊びで、一人が上の句（五七五）を詠み、もう一**

人が下の句（七七）を付ける形態です（順序が逆になる場合もあります）。一人目の句を**前句**、もう一人の句を**付句**と言います。**154もと（本）**も参照してください。一方、長連歌は、複数人で長句（五七五）と短句（七七）を交互に詠み連ねていく形態で、鎌倉時代以降に流行しました。多くの場合、連歌は**その場の余興として楽しまれるもの**でした。さて、今回の二つの文章では、短連歌の方をイメージして読んでください。

問4 (i) 正解④

短連歌は結局一首の和歌になるので、俊重の前句の「**釣殿の・下には魚や・すまざらむ**」の**五七五のリズム**、俊頼の付句の「**うつばりの影・そこに見えつつ**」の**七七のリズム**に注意しましょう。和歌としては三句切れになっています。さて、教師と生徒Bの会話に「**掛詞**」や「**この二つの句のつながり**」とあるので、それらが着眼点になりますが、自力で掛詞を発見できる必要はありません。選択肢を見ていって、「これ、その通りだな」とわかれば十分です。①②③は、さすがにそれはないだろうという無茶な選択肢ですし、正解の④は、読めばすんなりわかる（わかってほしい）選択肢でした。「**釣殿**」は注がほしいところでしたが、寝殿造りの邸宅で庭の池に臨んで作られた建物を言い、そこから魚釣りを楽しむことができました。

まず正解の④から見ていきましょう。「**釣殿の下には魚が住んでいないのだろうか**」は、「釣殿の下には魚やすまざらむ」の解釈として適切です（**逐語訳そのままです**）。「や」は疑問の係助詞、「すま」は「住ま」で「住む」、「ざら」は打消の助動詞「ず」の未然形、「**む**」は推量の助動詞で、係助詞「や」の結びで連体形です。短いですが、主語・述語の構文意識を持って、正確に訳出しましょう。次に、「釣殿の『うつばり』に『針』の意味を掛けて」は、その通りだと判断できます。俊重の前句の「**釣殿の下には魚やすまざらむ**」の「**釣**」「**魚**」**の縁語として、俊頼は付句で「針」（=釣針）を詠み込んだわけです**。**このつながりを押さえましょう**。したがって、「池の水底には釣殿の梁ならぬ釣針が映って見えるからね」も適切です（「ならぬ」が適切な言い回しか気になる人がいると思いますが、差しつかえないと思います）。付句の「うつばりの影そこに見えつつ」は、「（釣殿の下に魚が住みつかないのは）梁の影だけでなく釣針の影が池底に映って見えるからね（釣られるのを警戒しているからだよ）」という洒落みたいなものでしょう。このように、付句には切り返しの面白さや軽妙さ、意外性などが求められました。

①「皆が釣りすぎたせいで」とは詠んでいません（理由は付けていません）。「『そこ』に『底』を掛けて」は○と考えても差しつかえないですが（「其処（そこ）」と「底」の掛詞）、「そこかしこ」（＝あちこち）は×です。「昔の面影をとどめているよ」も、明らかに×です。

②「心を休めることもできないだろうか」とは詠んでいません。「魚やすまざらむ」を「魚休まざらむ」と解したものですが、「釣殿の・下には魚（いを）や・すまざらむ」と五七五のリズムを考えれば、「やすま（休ま）」は無理とわかります。また、「『鬱』を掛けて」や「魚の気持ちも沈んでしまうよね」も×です。「気持ちが沈む」という意味の漢語の「鬱」が掛詞として用いられた例を私は知りません（あるとは到底思えません）。

③「『すむ』に『澄む』を掛けて」は、そうでない、つまり×と見られます。しかし、紛らわしい感じはするので、みなさんは適否の判断をする必要はありません。付句の方で判断しましょう。「『そこ』に『あなた』という意味を掛けて」は×ですね。とても読み取れません。当然、「そこにあなたの姿が見えたからだよ」も×です。

参考までに、俊重の前句の「すむ」が掛詞かどうかについて、私なりにもう少し踏み込んで考察したいと思います。たとえばこの連歌をする場面が夜だったと仮定して、俊重が「釣殿の下には月やすまざらむ」と詠んだとしたら、この「すむ」は掛詞でしょうか？　答えは、はい、「澄む」と「住む（＝宿る・映る）」の掛詞です。「釣殿の下には月影が（水面に）澄み輝いて宿らないのだろうか」という意味になります。この場合、「月」が主語、「澄む」と「住む」がともに述語です（「人」が「住む」ではありません）。それに対して、俊重の「釣殿の下には魚やすまざらむ」の場合、「魚」が主語で、それに対する述語は「住む」だけです。魚が「澄む」とは言いませんので、「澄む」は掛かっていないと見るのが妥当です（究極的には俊重本人に「澄む」を掛けたのかどうか確認するしかありませんが）。③では「水は澄みきっている」と解釈していますが、それなら「釣殿の水には魚やすまざらむ」と詠みたいところです。この場合は、「水」と「すま（澄ま）」が縁語となって、水が「澄む」と魚が「住む」の掛詞として認められます。このように、表現一つの違いで、掛詞の判断にも影響が出てくるわけです。

問4 (ii) 正解①

良暹の連歌の前句「もみぢ葉のこがれて見ゆる御船かな」の解釈問題です。文脈的には、1段落の内容、特に「紅葉を多くとりにやりて、船の屋形にして」や「ひた照りなる船を二つ、装束き出でたるけしき、いとをかしかりけり」に関わっていますが、意味はつかみにくいところです。結果的に良暹の句は自力だけで解釈できる必要はありませんので、選択肢に早く目を通しましょう。まず①を読んで、「あっ、これいいかな」と好感触を持てるといいですね。掛詞は、**和歌の文意がクロスするところ**に現れやすく（**電車の乗り換え**にたとえられます。P111・P128参照）、この句は次のように図示できます。

紅葉が 焦がれて（色づいて） 見える
もみぢ葉の こがれて 見ゆる御船かな
漕がれて 見えるお船だなあ

積極法で①が正解だと目星をつけ、消去法で②③④をさっと落とす、ができれば最高です。

では正解の①を詳しく見ていきましょう。「船遊びの場にふさわしい句を求められて詠んだ句」は○です。「良暹、さりぬべからむ連歌などして参らせよ」（＝良暹よ、ふさわしい連歌などをして差し上げよ）とあるのに合致します。**10 さるべき・さりぬべき ❶適当な・ふさわしい** は知っておきたい連語です。「こがれて」を、葉が「焦がれて（＝色づいて）」と船が「漕がれて」の掛詞であるとするのも○です。**「焦がれて」は、紅葉が日に焼け焦げた感じの色合いであるとイメージできれば、「葉が色づく」という説明は適切と判断できます。**船が「漕がれて」は、まったくその通りです。「紅葉に飾られた船が池を廻っていく様子を表している」という説明は、1・2段落の内容からも適切です。①の最大ポイントは「葉が色づくという意味の『焦がれて』の判断にありますが、それが正しいかどうかわからなければ、いったん保留し、最終的に消去法で①を残しましょう。それで問題ありません。なお、「**こがる（焦がる）**」は「焼け焦げる」と「恋い焦がれる」の意を掛けることが結構多いのですが、ここでは「恋い焦がれる」の解釈は成り立ちません。

②「**寛子への恋心を伝えるために詠んだ句**」が×です。荒唐無稽で、まったく読み取れない内容です。そもそも良暹は、「**もろもろの僧たち**」の一人で、一介の僧に過ぎません。それが皇后に恋の告白をするというのは、身分制社会にあって身の程知らずの行為で、普通はあり得ない話です。したがって、「**『こがれて』には恋い焦がれるという意味が込められ**」も×です。さらに、「**御船**」の説明で、「**恋の道に迷い込んでしまった良暹自身がたとえられている**」も×です。これもまったく読み取れません。ところで、ちょっと余談ですが、今回出題の『俊頼髄脳』の別の箇所に、老僧が御息所（天皇夫人の称号の一つ）に恋の告白をする話があるので、あくまで根拠の有無の確認は必要です。

③「**頼通や寛子を賛美するために詠んだ句**」が×です。「**もみぢ葉**」や「**御船**」の説明も×です。選択肢だけ読めば、③はもっともらしい内容かもしれませんが、頼通や寛子はリード文で言及されているだけで、[1]段落以降では直接登場していません。③の説明はまったく読み取れない内容です。ちなみに、皇后をたとえる語としては「**紫雲**」があり、藤原氏をたとえる語は植物の「**藤**」が一般的です。**藤（藤の花）が藤原氏のたとえになる**ことは、知っておいてもよい古典常識です。

④「**祈禱を受けていた寛子のために詠んだ句**」が×です。後に続く説明も×です。とても読み取れない内容ばかりです。

問4 (iii)　正解③

これは生徒Bさんが言っている通りで、**実質的に[4]・[5]段落の内容合致問題**です。正解の③から見ていきましょう。③の前半は、[4]段落の内容に合致します。これは紛らわしくありません。③の後半は、[5]段落の内容をまとめた発言になっています。「この催しの雰囲気をしらけさせたまま」は、やや紛らわしい気がしますが、「（楽器を）かきならす人もなくてやみにけり」などからそう言えると判断できます。「宴を台無しにしてしまった」は、「いたづらにてやみにけり」（＝宴の準備が無駄になって終わってしまった）に合致します。**43 いたづらなり**〔形容動詞〕❶無駄だ・役に立たない　は押さえておきましょう。このあたりは正確な解釈力が求められています。積極的に③を評価しつつも、最終的には消去法で③が残せれば十分でしょう。

①「良暹を指名した責任について」が×です。④段落に「『いかに』『遅し』と、たがひに船々あらそひて」とあるのは、付句がなかなかできないことについて、二艘の船の間で言い争いがあったということです。

②「自身の無能さを自覚させられ」が×です。ここまでは読み取れません（言い過ぎです）。

④「反省の場となった」が×です。「皆逃げておのおの失せにけり」とあって、殿上人たちはみな、退散してしまっただけです。

通釈

1　皇后に仕える役人たちが集まって、船をどう（装飾）しようか（などと相談して）、紅葉を多く採りに（人を）行かせて、船の屋形（＝船上に設けた屋根のある部屋）に飾り立てて、船の漕ぎ手については従者で若いような男たちを指名したので、（その漕ぎ手たちは）急いで（明日着る）狩袴を（紅葉に合わせて）染めたりして輝いて見えた。（船遊びの）当日になって、殿上人たちが、全員参り集まった。（その中の殿上人が）「お船は準備できているか」とお尋ねになったので、（役人が）「すべて準備できております」と申し上げて、催しの時刻になって、（池の）島陰から漕ぎ出てきた船を見ると、どこからどこまでも、ぴかぴかに輝いた船を二艘とも、飾り立てて出てきた様子は、たいそうすてきだった。

2　殿上人たちが、全員（二艘の船に）乗り分かれて、管絃の楽器をあれこれ、皇后様からお借り申し上げて、演奏する人々を、（船の）前方に位置させて、（島沿いに）徐々に船を漕ぎ廻らせるうちに、南側の普賢堂で、宇治の僧正が、まだ僧都の君と申し上げたときで、（皇后様のために）ご祈禱をしていらっしゃったが、このような催しがあると聞いて、いろいろ多くの僧たちが、年配の者も、若い者も、集まって、庭に並んで座っていた。稚児や、従者の法師に至るまで、花模様の刺繡の装束を着て、（後ろに）引き下がりながら群がって座っていた。

3 その（僧たちの）中に、良暹といった歌人がいたのを、ある殿上人が、見知っているので、「良暹が控えているのか」と尋ねたところ、良暹は、目を細めて笑って、平伏して控えていたので、そばに若い僧で控えていた僧が気づき、「その通りでございます」と申し上げたので、（その殿上人が）「あの良暹を、船に呼んで乗せて連歌などをさせたら、どうだろうか」と、もう一艘の船の殿上人たちに相談し申し上げたところ、（もう一艘の船の殿上人たちは）「それはどうか。とんでもない。後世の人が、そうしなくてもよかったことだなあと申すでしょうか（申すでしょうよ）」などと答えたので、それもそうだと言って、（船に良暹を）乗せないで、ただそのまま（庭上で）連歌などをさせようなどと決めて、（良暹のいる）近くに漕ぎ寄せて、「良暹よ、（この船遊びの場に）ふさわしい連歌などをして差し上げよ」と、殿上人たちが申しなさったところ、（良暹は）それ相当の切れ者で、ひょっとしてそのような（連歌を求められる）こともあるか（あるかもしれない）と思って（あらかじめ次の上の句を）用意していたのだろうか、（殿上人の命令を）聞いたやいなやすぐにそばの僧に何かを言ったので、その僧は、もったいぶって（船の方に）歩み寄って、

「紅葉が焦げるように（日に焼けて色づいて）見えて（飾られている）、漕がれて見えるお船だなあ

と（良暹は）申しております」と申し上げて（もとの場所に）帰った。

4 殿上人たちは、これを聞いて、二艘の船（の人々）に聞かせて、（下の句を）付けようとしたがなかなかできなかったので、船を漕ぐともなくて、だんだん築島を回って、一周するうちに、付けて言おうとしたが、付けられなかったので、むなしく通過してしまった。「どうした」「遅い」と、たがいに二艘の船の間で言い争って、二周になってしまった。それでもやはり、付けることができなかったので、船を漕がないで、島の陰で、「どう考

えてもよくないことだ、良暹の連歌を今になっても付けられないのは。日はすっかり暮れてしまった。どうしようか」と（言って）、今となっては、付句をしようという気持ちもなくて、付けられなくて終わってしまうようなことを嘆くうちに、何事も考えられなくなってしまった。

5 仰々しく管絃の楽器をお借りして船に乗せていたのも、少しも、かき鳴らす人もなくて（船遊びは）終わってしまった。（船の中で）このように言い合っているうちに、普賢堂の前でたいそう多かった僧も、皆立ち去ってしまった。殿上人たちは、船から下りて、（皇后様の）おそばで管絃の遊びをしようなどと思ったけれども、連歌に失敗して、皆逃げるようにして各人いなくなってしまった。役人は、（酒宴の）準備をしていたけれども、無駄になって終わってしまった。

【問4の引用の文章】

人々が大勢、石清水八幡宮の御神楽の催しに参上していたところ、行事が終わったその翌日に、別当法印光清のお堂の（前にある）池の釣殿に人々が並んで座って楽器の演奏をしていたところ、「わたくし光清は、連歌を作ることに心得があると思われます。ただ今連歌を付けてみたい」などと申していたので、型通りにと言って申したのは、

釣殿の下には魚は住まないのだろうか。　俊重

光清はしきりに思案したけれども、（下の句を）付けることができないで終わってしまったことなどを、（俊重が）帰って（私に）語ったので、（私は）試しに（付句をしてみよう）と思って、

梁に加えて釣針の影が水底に映って（魚が警戒して）いるからね。　俊頼